本书为山东省教育科学"十三五"规划
2016—2017年度重点资助课题部分成果
课题批准号：zz2017006

高校中华优秀传统文化教育的
设计与规划

年仁德　戴淑贞　杨麦姣　著

知识产权出版社
全国百佳图书出版单位
——北京——

图书在版编目（CIP）数据

高校中华优秀传统文化教育的设计与规划/年仁德，戴淑贞，杨麦姣著. —北京：知识产权出版社，2019.11
ISBN 978-7-5130-6639-6

Ⅰ.①高… Ⅱ.①年… ②戴… ③杨… Ⅲ.①中华文化—教学设计—高等学校 Ⅳ.①K203-42

中国版本图书馆 CIP 数据核字（2019）第 255968 号

责任编辑：汤腊冬　王小玲　　　　　　责任校对：王　岩
封面设计：北京麦莫瑞文化传播有限公司　责任印制：孙婷婷

高校中华优秀传统文化教育的设计与规划
年仁德　戴淑贞　杨麦姣　著

出版发行：	知识产权出版社有限责任公司	网　　址：	http://www.ipph.cn
社　　址：	北京市海淀区气象路 50 号院	邮　　编：	100081
责编电话：	010-82000860 转 8252	责编邮箱：	shdwxl2010@163.com
发行电话：	010-82000860 转 8101/8102	发行传真：	010-82000893/82005070/82000270
印　　刷：	北京九州迅驰传媒文化有限公司	经　　销：	各大网上书店、新华书店及相关专业书店
开　　本：	720mm×960mm　1/16	印　　张：	13.75
版　　次：	2019 年 11 月第 1 版	印　　次：	2019 年 11 月第 1 次印刷
字　　数：	210 千字	定　　价：	58.00 元

ISBN 978-7-5130-6639-6

出版权专有　侵权必究
如有印装质量问题，本社负责调换。

序

当前我国正处于构建和谐社会的重要历史阶段，处在中华民族伟大复兴的关键时期，作为祖国未来的中坚力量——大学生，既有学习中华优秀传统文化的必要，也承担着传承和发展中华优秀传统文化的使命。2017年，中共中央办公厅、国务院办公厅印发的《关于实施中华优秀传统文化传承发展工程的意见》指出："在5000多年文明发展中孕育的中华优秀传统文化，积淀着中华民族最深沉的精神追求，代表着中华民族独特的精神标识，是中华民族生生不息、发展壮大的丰厚滋养，是中国特色社会主义植根的文化沃土，是当代中国发展的突出优势，对延续和发展中华文明、促进人类文明进步，发挥着重要作用。"2014年教育部印发的《完善中华优秀传统文化教育指导纲要》指出："加强中华优秀传统文化教育，是深化中国特色社会主义教育和中国梦宣传教育的重要组成部分，是构建中华优秀传统文化传承体系、推动文化传承创新的重要途径，是培育和践行社会主义核心价值观、落实立德树人根本任务的重要基础。"这两份文件说明，在高校进行中华优秀传统文化教育已然成为国家战略的重要组成部分。

《大学》开篇提到："大学之道，在明明德，在亲民，在止于至善。"高校要在中华优秀传统文化这一重要精神资源的浸润下，帮助当代大学生对人文世界即真善美有正确的和全方位的认知，使当代大学生不仅要有全面的知识、高超的技能，还要具备健全的人格与良好的思想道德品质。

当前的大学生接受新知识和新事物很快，他们有朝气、有理想、有追求，他们更喜欢快餐化的信息和碎片化的知识，因而也容易受到不良文化的影响。一部分大学生出现了政治信仰缺失、理想信念迷茫、价值取向扭曲、诚信意识淡漠、学习劲头不足、社会责任感缺乏等思想问题。

当代大学生群体之所以出现这些问题，与我们长期以来忽视了中华优秀传统文化教育有很大的关系。现在有些大学生对传统文化知识知之甚少，其主要责任不在大学生本身，而是与当前我国各级学校的课程设置有一定关系，也与教师队伍的传统文化素养有很大关系。

当代大学生是国家与民族发展和进步的生力军，最具活力，他们既是先进文化的吸收者，也是中国未来的建设者。因此，当代大学生对中华优秀传统文化的传承、认同与自觉，不仅关系着我们国家的兴旺发达，同时也关系着中华优秀传统文化的传承、创新和发展。所以，要真正发挥中华优秀传统文化在实现中华民族伟大复兴的中国梦中的作用，就要充分认识到中华优秀传统文化在高校大学生德育教育中的重要性，增强高校教育工作者和大学生的文化自觉和文化自信。

通过对大学生进行系统的传统文化教育，丰富大学生的精神修养，提升大学生的精神境界，规范大学生的思想品德，使大学生对自己、对社会都具有高度的责任感，在学习和生活中建立起关心人、爱护人、尊重人的协调有序的人际关系，树立"格物、致知、诚意、正心、修身、齐家、治国、平天下"的远大理想，培养大学生的爱国情怀和"为天地立心，为生民立命"的忧国忧民思想，提高大学生的礼仪修养，培养大学生乐观、积极、勇于担当、敢为天下先的充实和向上的人生态度。

本书从高校现有的中华优秀传统文化教育现状出发，通过对多个高校进行广泛的调研，并结合作者多年的传统文化教育教学实践和当地书院教育教学实际，对高校中华优秀传统文化教育进行了系统、科学的设计和规划，以期为我国高校大学生的中华优秀传统文化教育实践提供系统的有益的参考。

本书主要内容概述如下：

（1）突出了"建国君民，教学为先"的理念：高度重视中华优秀传统文化教育在高校德育中的重要作用，突出"五伦""五常""四维""八德"的传统文化教育总纲。

（2）归纳了中华传统文化的基本精神：以人为本的精神，天人合一的精神，刚健勇猛、自强不息的积极进取精神，崇德兴仁的精神和礼治精神。

（3）概括了中华传统文化的基本特征：整体性、时代性、地域性、发展性、伦理性与和谐性。

（4）明确了中华优秀传统文化的德育价值：一是中华优秀传统文化蕴含着丰富的德育思想；二是优秀传统文化为大学生提供了丰富的德育内容。

（5）阐述了高校中华优秀传统文化教育的重要意义：高校中华优秀传统文化教育有利于中华优秀传统文化的传承与创新，有利于培养大学生以爱国主义为核心的民族精神，有利于拓宽大学生的学习视野，有利于培养大学生学术自由和独立精神，有利于培养大学生良好的人文道德精神，有利于培养大学生健全的人格。

（6）总结了中华优秀传统文化教育可与思想政治课程结合的教育内容：分别从"思想道德修养与法律基础""中国近现代史纲要"

"马克思主义基本原理概论""毛泽东思想和中国特色社会主义理论体系概论"四门课程内容出发，总结了中华优秀传统文化中可与之结合的教育内容。

（7）找出了中华优秀传统文化教育融入学科教学的途径：找准优秀传统文化教育的触发点和共振点，加强中华优秀传统文化与学科的有机渗透，开发学校隐性课程的文化教育功能以及中华优秀传统文化教育要信、解、行、证。

（8）构建了高校中华优秀传统文化的教育体系：分别从中华优秀传统文化教育的开展要覆盖各学段、完善高校中华传统文化教材体系、开设中华传统文化必修课程和选修课程以及积极开展校园传统文化活动等角度进行了系统设计。

（9）设计了高校中华优秀传统文化教育的关键环节：一是挖掘优秀传统文化资源，增强大学生对传统文化的认同；二是创新教育形式，拓宽中华优秀传统文化教育途径；三是占领网络高地，完善中华优秀传统文化教育网络平台。

（10）建立了高校中华优秀传统文化教育的条件保障体系：一是完善优秀传统文化遗产的政策保障体系；二是营造高校中华优秀传统文化教育的环境；三是提升教师队伍整体素质；四是优化教学方法和手段；五是完善优秀传统文化教育的评价机制。

本书得到了很多同人的帮助和指导，在此一并表示感谢。另外，书稿在编写过程中还参阅和引用了大量相关的文献资料，在此，对这些文献资料的提供者表示深深的谢意！由于时间仓促，加之水平有限，书中难免会有不足，恳请各位同人及广大读者不吝赐教！

编者

2019 年 10 月 21 日

目 录

第一章 中华传统文化概述 ... 1

第一节 中华传统文化 ... 2
一、文化 ... 2
二、传统文化 ... 2
三、中华传统文化的主要内容 ... 3

第二节 中华传统文化的基本精神 ... 19
一、以人为本的精神 ... 20
二、天人合一的精神 ... 22
三、刚健勇猛、自强不息的积极进取精神 ... 23
四、崇德兴仁的精神 ... 25
五、礼治精神 ... 27

第三节 中华传统文化的基本特征 ... 29
一、整体性 ... 29
二、时代性 ... 30
三、地域性 ... 31
四、发展性 ... 32
五、伦理性 ... 33
六、和谐性 ... 35

第四节 中华传统文化的思维方式 …… 37
一、中国传统思维方式的特点 …… 37
二、中华传统文化对中国传统思维方式的影响 …… 38
三、中华传统文化思维的整体性 …… 40
四、中华传统文化思维的对立统一性 …… 43

第五节 中华优秀传统文化的德育价值 …… 45
一、中华优秀传统文化蕴含着丰富的德育思想 …… 46
二、中华优秀传统文化为大学生提供了丰富的德育内容 …… 46
三、中华优秀传统文化为大学生提供了丰富的德育方法 …… 54

第二章 高校中华优秀传统文化教育存在的问题及原因 …… 55

第一节 高校中华优秀传统文化教育存在的主要问题 …… 56
一、高校中华优秀传统文化教育落地不尽人意 …… 57
二、大学生对优秀传统文化知之甚少 …… 60

第二节 高校中华优秀传统文化教育存在问题的原因分析 …… 61
一、学校层面 …… 61
二、教师层面 …… 63
三、大学生层面 …… 64
四、社会环境层面 …… 66

第三节 高校中华优秀传统文化教育的重要意义 …… 69
一、有利于中华优秀传统文化的传承与创新 …… 69
二、有利于培养大学生以爱国主义为核心的民族精神 …… 70
三、有利于拓宽大学生的学习视野 …… 73
四、有利于培养大学生学术自由和独立精神 …… 75

五、有利于培养大学生良好的人文道德精神 …………… 76
　　六、有利于培养大学生健全的人格 …………………… 78

第三章　高校中华优秀传统文化教育的系统性规划 ……… 81
第一节　高校中华优秀传统文化教育系统性规划的
　　　　　基本原则 …………………………………………… 82
　　一、批判与继承原则 …………………………………… 82
　　二、知行统一原则 ……………………………………… 83
　　三、政治性原则 ………………………………………… 84
　　四、时代性原则 ………………………………………… 86
　　五、人文性原则 ………………………………………… 87

第二节　中华优秀传统文化教育与现代教育理念的
　　　　　和谐统一 …………………………………………… 89
　　一、中华优秀传统文化教育要符合现代教育的本质 …… 89
　　二、中华优秀传统文化教育要符合现代教育的目的 …… 90
　　三、中华优秀传统文化教育要与现代教育的内容与
　　　　方式相一致 ………………………………………… 91

第三节　中华优秀传统文化教育融入思想政治课教学 …… 92
　　一、"思想道德修养与法律基础"教育内容设置 ……… 93
　　二、"中国近现代史纲要"教育内容设置 ……………… 99
　　三、"马克思主义基本原理概论"教育内容设置 ……… 100
　　四、"毛泽东思想和中国特色社会主义理论体系概论"
　　　　教育内容设置 ……………………………………… 102

第四节　中华优秀传统文化教育融入学科教学 …………… 105
　　一、找准优秀传统文化教育的触发点和共振点 ……… 105
　　二、加强中华优秀传统文化与学科的有机渗透 ……… 106

三、开发学校隐性课程的文化教育功能 …………………… 106

四、中华优秀传统文化教育要信、解、行、证 …………… 107

第四章　高校中华优秀传统文化教育的整体性设计 ………… 109

第一节　高校中华优秀传统文化教育整体性设计的基本原则 …………………………………………………… 110

一、教学内容与教学环节的一致性 ………………………… 110

二、优秀传统文化教育与校园文化建设的一致性 ………… 115

三、优秀传统文化教育与日常生活的统一性 ……………… 118

四、优秀传统文化教育与社会实践的一致性 ……………… 119

第二节　高校中华优秀传统文化教育体系的设计 ………… 126

一、高校中华优秀传统文化教育覆盖大学教育的各个学段 ……………………………………………… 126

二、编制完善科学的高校优秀传统文化教材体系 ………… 127

三、开设中华优秀传统文化必修课程和选修课程 ………… 130

四、积极开展校园传统文化活动 …………………………… 135

第三节　高校中华优秀传统文化教育关键环节的设计 …… 162

一、挖掘优秀传统文化资源，增强大学生对传统文化的认同 ……………………………………… 162

二、创新教育形式，拓宽中华优秀传统文化教育途径 …… 165

三、占领网络高地，完善中华优秀传统文化教育网络平台 ……………………………………………… 166

第五章　高校中华优秀传统文化教育的条件保障 ……………… 169

第一节　完善优秀传统文化遗产的政策保障体系 ………… 170

一、以法律手段保护传统文化遗产 ………………………… 170

二、用传统文化管理政策保护传统文化遗产 …………… 172

三、以传统文化开发政策拓宽和保护传统文化遗产 …… 173

四、以传统文化创新政策支撑传统文化的传承 ………… 174

第二节 营造高校中华优秀传统文化教育的环境 …………… 177

一、家庭环境 ……………………………………………… 178

二、学校环境 ……………………………………………… 179

三、社会环境 ……………………………………………… 180

四、新媒体环境 …………………………………………… 181

第三节 提升教师队伍整体素质 ……………………………… 182

一、端正传统文化课程教师的教学态度 ………………… 183

二、丰富高校教师的优秀传统文化知识 ………………… 184

三、提高传统文化课程教师的教学能力 ………………… 185

第四节 优化教学方法和手段 ………………………………… 187

一、有效渗透法 …………………………………………… 188

二、模块讨论法 …………………………………………… 189

三、情境教学法 …………………………………………… 191

四、开放教学法 …………………………………………… 192

第五节 完善优秀传统文化教育的评价机制 ………………… 193

一、高校优秀传统文化教育评价机制建立的原则 ……… 194

二、扩大责任主体和客体 ………………………………… 194

三、建立适合本校的优秀传统文化教育评价体系 ……… 195

参考文献 ……………………………………………………… 197

第一章 中华传统文化概述

第一节　中华传统文化

一、文化

当代文化学者和作家余秋雨先生在他所著的《何谓文化》一书中给出了文化的定义，他认为："文化是一种包含精神价值和生活方式的生态共同体，它通过积累和引导创建集体人格。"文化是一种社会现象，表现为物质方面和精神方面两个部分，其范围不仅包括世界观、人生观、价值观，还包括风土人情、传统习俗、思维方式和生活方式等内容。

文化是人类全部精神活动及其产品的总称，是人类特有的现象。文化是民族时代发展的产物，是人类精神在人类历史发展过程中的继承和发展，有了人类社会才有文化，文化是人类社会活动和社会实践的产物。

二、传统文化

传统文化是文明演化而汇集成的一种反映民族特质和风貌的民族文化，是民族历史上各种思想文化、观念形态的总体表征。概括而言，传统文化就是通过不同的文化形态来表示的各种民族文明、风俗、精神的总称。

简单地说，文化包括两个方面，一个方面是人类的物质生活，另一个方面是人类的精神生活。传统文化的内容丰富多彩，有多种分类的方法：从时间上划分，传统文化有古代文化和现代文化等；从空间上划分，传统文化有东方文化和西方文化等；从社会意义上划分，传统文化有民间文化和边缘文化等；从功能上划分，传统文化有礼仪文化和校园文化等。

三、中华传统文化的主要内容

中华传统文化是指居住在中国地域内的中华民族及其祖先所创造的，为中华民族世世代代所继承发展的，具有鲜明民族特色的，历史悠久、内涵博大精深、传统优良的文化。中华传统文化也称华夏文化，是五千年中华儿女集体智慧的结晶。

中华传统文化以老子的道家文化和孔子的儒家文化为主体，内容博大精深，包括政治、经济、思想、艺术等各类物质文化和非物质文化。中华传统文化的内容非常广泛，首先包括文字、语言和思想，随着社会的进步和人们生活水平的提高，中华传统文化得到了不断的发展，逐渐产生出很多表现形式，中华传统文化的这些表现形式产生于我们的生活，又融入我们的生活，提炼出来的思想又指导我们的生活实践，服务于社会。

中华传统文化的内容非常丰富，多年来，研究传统文化的学者们对中华传统文化的内容不断地总结和归纳，其分类的方式也各有不同，各有特点，然而没有一个固定的标准，但总结起来，中华传统文化的内容大体包括如下内容。

（一）诸子百家

诸子百家，是对春秋战国时期发展起来的学术派别的总体概括。诸子百家内容相当丰富，诸子百家号称百家，实际上有上千家，但影响最深、大家公认的最主要的流派也就十几家，诸子百家中流传最为广泛的是儒家、道家、墨家、法家、名家、阴阳家、纵横家、兵家、医家等。中国有数千年有文字可考的历史，中华民族创造了灿烂的文化艺术，文化典籍极其丰富，其内容具有鲜明的特色。

在春秋战国时期，各种思想学术流派的成就与同期古希腊文明交相辉映；以孔子、老子、墨子为代表的三大哲学体系，形成诸子百家争鸣的繁荣局面。

1. 儒家

儒家由中国古代思想家、教育家孔子创立，后来由孟子发展，荀子收集和整理其内容，经过不断创新和发展，逐渐形成了影响及流传至其他国家和地区的文化主流思想和体系。儒家思想以忠、仁、恕、诚、孝为核心价值，着重个人的品德修养，认为仁与礼相辅相成，重视家族伦理，提倡教化和仁政，反对战争和暴政，强调内圣外王，强调以天下为己任的责任意识，强调修身、齐家、治国、平天下的远大志向，力图重建礼乐秩序，移风易俗，保国安民，富于入世理想与人文主义精神。

"仁"是儒家德育思想的核心，儒家认为"仁"是每一个人最基本的道德品质，是一个人最基本的道德规范，强调通过克己复礼达到仁的境界。"义"是高尚人格的体现，是君子、圣贤必须具备的道德规范和道德准则。儒家主张"修己"，即不断修正自己的错误和不好的思想，有过就及时改正，不断提高自身的道德修养。儒家的主要思想是仁、义、礼、智、信，代表人物是孔子、孟子、荀子、程颐、朱熹等，主要著作包括《诗经》《尚书》《仪礼》《乐经》《周易》《春秋》《中庸》《大学》《孟子》《论语》《周礼》《礼记》等。

2. 道家

春秋时期，老子集古代诸多大贤的集体智慧，总结了古老的道家思想的精华，以大道为中心，以无为而治为理论，经过不断发展形成了道家思想完整系统的体系，不仅促进了国人的良好思想修养的养成，也极大地丰富了中华优秀传统文化的内容，同时也对中华哲学、文学、科技、艺术、音乐、养生、宗教等产生了深远的影响。道家思想以"道"为核心，认为大道无为，主张道法自然，提出道生法和刚柔并济等政治、经济、治国、军事策略，具有朴素的辩证法思想。道家认为，世界上所有的事物都可以分成两个相对的方面，任何事物都是普遍联系的，这是事物二元对立的普遍存在方式；道家还认为，所有事物都是二元对立的，但它们根据条件都是要向对面转化的，任何事物都是暂时的，是会发生变化的，是周而复始循环和发展的。道家是诸子百家中一个极为重要的流派，存在于中华文化领域，对中国乃至世界的文化都产生了巨大的影响。代表人物有老子、庄子、列子等，代表作有《道德经》《道家易》《庄子》《文子》《六韬》《易传》《击壤歌》《金人铭》等。

3. 墨家

墨家是东周时期的哲学派别，诸子百家之一，在先秦时期影响很大，与孔子所代表的儒家、老子所代表的道家构成了中国古代三大家。墨家和儒家有很多相通之处，墨学和儒学同被人们称为"显学"；也有人认为墨家是道家的分支，深受道家影响。墨家学派有前、后期之分：前期思想主要涉及社会政治、伦理及认识论问题，关注现世战乱；后期墨家在逻辑学方面有重要贡献，开始向科学研究领域靠近，在数学和物理学方面也有很多成果。墨家的主要思想主张是：人与人之间平等地相爱，反对侵略战争，推崇节约、反对铺张浪费，重视继承前人的文化财富，掌握自然规律等。代表人物有墨子等，代表作有《墨子》等。

4. 法家

法家是中国历史上将法治作为核心思想的重要学派。法家强调以法制来治理国家，用法制治理国家的前提是国家强盛，拥有实力雄厚的军队，因此法家重视军队建设，注重集权统治，也就是从氏族贵族的统治过渡到新兴地主阶级的统治。法家不只是从纯理论方面进行研究，还积极强调入世，其思想着眼于法律的功能和效果。法家思想包括伦理思想、社会发展思想、政治思想以及法治思想等诸多方面。代表人物有管仲、子产、李悝、吴起、商鞅等，代表作有《管子》和《韩非子》等。

5. 名家

名家是中国历史上以思维的形式、规律和名实关系为研究对象的哲学派别。名家注重思维的形式，注重对逻辑问题和规律的研究，善于使用逻辑原理来评价和分析事物；名家注重法律条文，注重名与实的关系，善于辩论，经常进行相关问题的学术交流；强调人与人之间的平等，认为事物之间都是普遍联系的，是一个矛盾的两个方面，认为任何事物和名称都是有差异的，都是互相独立的和相对稳定的，它们按照一定的规律发展和前进；名家主张和平，反对暴力战争。名家自成体系，当时名家也被称为"辩者"，其名与儒家和道家并列，是以辩论名实等思辨问题为中心，并且以善辩成名的一个学派。名家有"合同异"派、"离坚白"派等几个派别,代表人物有邓析、惠施、公孙龙和桓团等,代表作有《公孙龙子》等。

6. 阴阳家

阴阳家是盛行于战国末期到汉初的一种哲学流派。阴阳家思想并非源于某种意识形态,而是源于古代的天文学。阴阳家开始研究天地的运行,并发现天地的运行有一定的规律,并以不同于卜筮、预言等民间流传的方式进行预测。齐国人邹衍是其创始人,阴阳家的学问被称为"阴阳说",其核心内容是"阴阳五行",阴阳学说是中华民族最重要的哲学思维之一。阴阳家思想将自古以来的数术思想与阴阳五行学说相结合,阴阳家们尝试用多种神秘玄妙的实践研究阴阳五行,取得了一些成果,同时也为研究阴阳五行提供了不同的研究思路,这些实践包括卜筮、杂占、医学偏方、天文历法与风水规律等,他们同时提出灾日和吉日,还有人们的日常禁忌,对人们的日常行为和婚丧嫁娶的时间等内容进行约束。

后来阴阳学进一步发展,建构了规模宏大的宇宙图式,尝试解说自然现象的成因及其变化法则。研究阴阳五行说,能从天体运行的计算来制订历法,掌握世间万象。代表人物有邹衍等,阴阳家经过研究完成了数量较多的著作,这些著作的内容非常丰富,内容也很广泛,与其他诸家皆有关联,代表作有《宋司星子韦》《邹子终始》和《公梼生终始》等。

7. 纵横家

纵横家是战国时期产生的一个流派,"纵"意为合众弱者之力以攻强者,"横"意为以一强之力来攻击众弱者,后来,纵横家泛指那些凭借辩才与智谋开展游说的职业外交人员。纵横家以从事外交等政治活动为主,他们自成体系。纵横家中出现了很多难得的人才,他们经常进行辩论和研究社会上的很多问题，因此纵横家多为策辩之士，可称为中华几千年历史中最早的政治家和外交家。他们的出现主要是因为当时各个国家经常发生战争，王权不能稳固，也不能统一，因此，国家需要在国力富足的基础上大量利用兵法和能言善辩之士联合和利诱其他国家进行联合对外，以达到不战而胜的目的。纵横家的鼻祖是鬼谷子，以隐于鬼谷而得名，代表人物还有苏秦、张仪、乐毅、毛遂、蒯通等，代表作有《鬼谷子》《战国策》《苏子》《张子》等。

8. 兵家

兵家是中国先秦、汉初时期研究军事理论、从事军事活动的学派，其理论博大精深，对后世影响深远。兵家理论是一个内容非常丰富的军事理论体系，兵家非常重视用兵时人的智慧，讲究作战谋略，强调作战要讲究天时、地利与人和，认为军队的战斗形势千变万化，没有固定的模式，但有一般的规律，即兵无定法。兵家形成了一整套系统的军事理论，这些军事理论总结了大量的军事活动实践，逐渐形成一整套系统的军事方面的论著，从而形成了一种军事活动的学派。兵家的这些理论是中国古代军事思想的提炼和总结，是中华优秀传统文化的重要组成部分。据《汉书·艺文志》记载，兵家又分为兵权谋家、兵形势家、兵阴阳家和兵技巧家四类。兵家主要代表人物有孙武、吴起、孙膑、尉缭等，他们的著作留传下来的有《孙子兵法》《吴子》《孙膑兵法》《尉缭子》等，这些著作均是当时战争和治兵经验的总结，其中提出了一系列战略战术原则，包含丰富的军事辩证法思想以及治兵作战的哲理。

9. 医家

中国医学理论的形成非常早，资料记载，中国医学理论的形成可追溯到公元前5世纪下半叶，后来逐渐发展，中国医学理论越来越成熟，到公元3世纪中叶达到了很高的水平，在此期间共经历了七百多年。从奴隶社会向封建社会过渡，再到封建制度确立，中国历史发生了巨大的动荡。社会制度的变革促进了经济的发展，意识形态、科学文化领域出现了新的形势，其中包括医学的发展。医家泛指所有从医的人，代表人物有扁鹊、张仲景、华佗、孙思邈、李时珍等，代表作有《伤寒杂病论》《本草纲目》和《诊籍》等。

诸子百家还有很多，在此不一一列举。

（二）琴棋书画

中华传统文化离不开琴棋书画，在古代，它们是文人雅士必备的四种最基本的技能，被人们称为"四艺"，它们可以追溯到周朝贵族教育体系中规定的六种基本才能，即"礼、乐、射、御、书、数"。经过数千年的发展和演绎，琴棋书画逐渐成为"六艺"的代名词，成为中华传统文化的精髓之一，成为中国历代文人必备之修养。

琴的深沉、棋的奥深、书的神韵、画的意境，一直是人们特别是文人雅客抒发感情的依托。有人在三尺瑶琴直抒胸臆；有人在方寸之间决胜千里之外，指挥千军万马；有人在挥毫泼墨与粉墨丹青中感叹名山大川的美丽，书画同源，诗画同理，琴舞一体，棋如人生。

（三）传统节日

传统节日是一种民间文化，这种文化主要体现在精神层面，是指一年中被赋予特殊社会文化意义并穿插于日常生活中的有代表性的日子，是人们丰富多彩生活的集中展现，是各地区、各民族政治、经济、文化、宗教等的总结和延伸。传统节日形式多样、内容丰富，在中国人的生活中占据着重要位置，是中华民族凝聚一体的重要纽带，是中华优秀传统文化的一个重要组成部分。

中国传统节日具有三个最主要的特点：一是传统节日的饮食主要强调长寿，而且多样化；二是中国的传统节日具有神话性和世俗性；三是中国的传统节日有着强烈的集体主义色彩。中国的古老传统节日与原始信仰、祭祀神灵和祖先、天文历法、物候节气等人文与自然文化内容有关。

中国有各种各样的传统节日，其中含有各种礼仪和习俗。中华民族传统节日有近百种，有的体现大自然的节气，有的强调天道的规律。由于民族和地域的不同，传统节日带有地方和民族的特色。中国的传统节日有除夕、春节、元宵节、寒食节、清明节、春龙节、上巳节、端午节、七夕节、中秋节、重阳节、腊八节、小年等。

在二十四节气当中，也有个别既是节气也是中国传统节日。如清明、冬至等，这些二十四节气中的节日也有很重要的传统文化习俗蕴含其中。

此外，中国各少数民族也都保留着自己的传统节日，如傣族的泼水节和彝族的火把节等，都深刻体现出不同民族丰富多彩的传统文化。

（四）中华诗词

中华诗词主要指传统诗词，中华民族是诗词非常丰富的民族，经过几千年的发展和传承，中华诗词已经形成了中华民族特有的文化表现形式。中华诗词深刻地表现了中华民族精神，同时也深刻体现了中华传统文化的标识，成为融于中华民族思考、表达、教化、娱乐等诸多生活诉求的文明表现形式。中华诗词是中华文明和中华灿烂文化的重要载体，不仅深刻体现了厚德载物的哲学之道，也有同体大悲的人本之道；既有仁、义、礼、智、信的孔孟之道，也有内圣外王的阳明之道；既有万法本心的禅学之道，也有道法自然的理学之道。中华诗词中，诗包括古体诗和近体诗。古体诗，也称古诗、古风，由民歌发展而来，不求对仗、平仄，用韵自由；近体诗包括律诗和绝句，与古体诗相对，句数、字数、平仄、用韵都有严格的规定。

（五）中国戏剧

中国戏剧是中华传统文化中最具特色的内容之一，被称为国之精粹。中国戏剧的起源可以追溯到上古先秦时期，经历了漫长的发展演变，至宋元时期方有了成熟的剧本文学，南戏、杂剧、传奇直至地方戏中都有许多经典作品出现。中国戏剧主要包括戏曲和话剧两部分内容，戏曲是中国传统戏种，有着其特有的表现内容和方式，经过长期演变和不断发展，逐步形成了以京剧、评剧、豫剧、越剧、黄梅戏等几大戏曲为核心的表现形式，这几种表现形式极大地丰富了中国戏剧的内容。话剧不是中国产生的剧种，它是从西方引进并经过改良的戏剧形式，后来经过发展，慢慢形成了自己的特色形式。中国古典戏曲是中华传统文化的一个重要组成部分，其表演形式独特和丰富，为人们所喜爱。

（六）中国建筑

中国的建筑历史奇妙丰富，给我们留下了无数建筑史上的奇迹，也给我们留下了数不清的灿烂建筑文化。不同地域和民族，其建筑艺术风格各有差异，其传统建筑的组群布局、空间、结构、建筑材料及装饰艺术等方面有着独特的风格。从时间上划分，中国建筑主要分为中国古建筑及中国近现代建筑；从类型上划分，中国建筑类型繁多，主要有宫殿、坛庙、寺观、佛塔、民居和园林建筑等。

（七）中国汉语

汉语是一种历史最长、发展最快、使用人数最多、表达内容最丰富的语言，是中国通用的语言，是中国人交流思想和感情的主要工具，经过几千年的发展和变化，中国汉语已经相当系统和规范了。目前，世界上使用汉语的人数接近二十亿，汉语被联合国确定为六种正式工作语言之一。中国汉语分为上古、中古、近代和现代几个部分：上古汉语指夏朝以前到晋朝的汉语，是中国汉语的"祖先"；中古汉语使用于南北朝、隋朝、唐朝和宋朝前期，后人把这个阶段的中国汉语称为"古代汉语"；近代汉语是古代汉语与现代汉语之间以早期白话文献为代表的汉语；现代汉语主要分为普通话和方言两种，2000年国家确定普通话为国家通用语言。

中国汉语不仅是一种工具，也体现了中华民族的心理和思维方法，是中华民族身份的重要标志，是中华优秀传统文化的一个缩影。中国汉语主要流通于中国和新加坡、马来西亚等东南亚国家以及美国、加拿大、澳大利亚、日本等国的汉族华人社区。中国汉语的内容主要包括汉语语音、汉语语法、汉语词汇和汉语学术研究等几个方面。中国汉语一般划分为多种方言，各方言根据区域划分可分成多种不同类型。汉语主要方言有官话、晋语、粤语、湘语、淮语、吴语、徽语、赣语、客家语、闽北语、闽南语、闽东语、闽中语、莆仙话等。

（八）传统中医

中医是以中国汉族劳动人民创造的传统医学为主的医学，所以也称汉医，传统中医是中华传统文化最耀眼的一颗明珠，发出璀璨的光芒。传统中医研究人体生理结构，从根本上研究人的疾病的发病理论，以便及时对疾病做出诊断和治疗，以其副作用小、疗效显著而受到人们的喜爱。

有了人类，就有了卫生保健运动。中医诞生于原始社会，其发展大体经过七个时期：第一个时期是萌芽和奠基时期，这个时期从远古到公元前21世纪，那时起，就出现了用植物药、动物药和矿物药等不同药物治病，又出现了针灸，包括针法和灸法，同时也出现了外治法治疗不同疾病；第二个时期从公元前21世纪到夏、商、周和春秋时期，在这个时期，固定病名出现，著有自然条件与人体关系的书籍《周礼》《礼记》出现，药物知识的积累和酒的应用以及汤液的制作对中医药制剂产生了深远的影响；第三个时期是公元前475年至公元265年，也就是战国时期到三国时期，这个时期出现了很多经典著作，《黄帝内经》《难经》《神农本草经》《伤寒杂病论》被称为四大医学经典，《黄帝内经》从理论上对以往的医学经验进行总结，标志着中医学基础理论得到初步奠定，《神农本草经》第一次从理论上阐述了我国药物学的知识，《伤寒杂病论》在临床上确立了辩证论治的原则；第四个时期是中医药学的全面发展时期，这个时期主要是从公元265年至960年，也就是西晋到五代时期，在这个时期，中医药学得到了全面的发展，有很多突出的成就和创新，医学理论逐渐成熟，中外医学的交流得到了很大的发展，临证医学有了显著的进展，主要著作有《脉经》《针灸甲乙经》《诸病源候论》等；第五个时期是中医药学的突出成就和创新时期，这个时期主要是从公元960年至1368年，即宋、元时期，在这个时期，医证设施有了很大的进步，医学理论得到了很大的丰富和创新，本草学得到了快速发展，医学各科取得了很大的成就，大型医书《太平圣惠方》《圣济总录》等产生；第六个时期是医学进一步发展和稳定时期，这个时期是从公元1369年至1840年，也就是明朝和清朝，在这个时期，中医学的理论得到了更大的提高，药物学得到了迅猛发展，人痘接种术开始成熟，临床各科飞速发展，西方医学在中国得到了广泛的传播，主要著作有《本草纲目》《串雅》等；第七个时期是近现代发展时期，主要是从1840年开始到现在的时期，在这个时期，西医大量传入，中国近代医学体系逐渐形成，近代中医药学得到了更快的发展。

（九）中国宗教

宗教是传统文化的重要组成部分，宗教本质上是一种教育，是人类社会发展中的一种特殊意识形态，是人们相信现实世界之外存在着超自然的神秘力量而对其产生的精神依托。中国宗教主要体现为中国目前的宗教格局和相关文化，中国是一个多宗教的国家，主张宗教自由，到目前为止，全国性的宗教团体有中国佛教协会、中国道教协会、中国伊斯兰教协会、中国天主教爱国会等，各宗教协会有自己的章程、组织机构和活动内容，为大众和社会服务，在一定程度上推进了社会的和谐和社会的进步。到目前为止，中国逐步形成了道教、佛教、伊斯兰教、天主教、基督教等几大宗教主体，同时还尊重和允许少数合法的其他宗教。

《中华人民共和国宪法》规定，宗教信仰自由是公民的一项基本权利。任何人不得利用宗教进行破坏社会秩序、损害公民身体健康、妨碍国家教育制度的活动。

（十）民间工艺

民间工艺是指用民间的生产技术加工出来的民间工艺品，是中华优秀传统文化的重要组成部分。民间工艺有内容的丰富性、形式的不确定性和工艺的独特性等特征，不仅体现中华传统文化的思想，而且还有发展个人和当地经济的属性，是体现大众生活的民俗文化。典型的民间工艺有内画、风筝、编织、微雕、陶瓷、布艺、木艺、果核雕刻、刺绣、毛绒、皮影、泥塑、紫砂、蜡艺、文房四宝等。

（十一）中华武术

中华武术是中华民族特有的文化项目，是中华优秀传统文化的一颗璀璨明珠，它从人们的生活、生产实践中来，随着中华文明的发展而发展，在长期的实践中，逐渐生成中华武术的系统的理论体系，成为中华民族的瑰宝。

早在原始社会，人类为了获取食物和抵御灾害，学会了拳打、脚踢等格斗技能以及搏斗的本领，因此，原始社会是武术文化的萌芽时期。中华武术在先秦和汉唐时期逐渐发展，当时的社会形成了经常性的尚武风气。中华武术的发展，不仅是加强军事训练、保家卫国的需要，而且是民间百姓生活和强身健体的需要，被更多的人所接受。明清时期，由于战争的需要，武术的发展趋于成熟。中华武术的发展和成熟，不仅利于个人修身养性，而且对于治国安邦、抵御外国侵略、维护国家和民族尊严都有着重要的意义。

（十二）地域文化

在中国，地域文化指中华大地特定区域的、历史久远的、有一定鲜明特色的和被当地人们所接受的一些传统文化。地域文化的形成原因有很多，主要是各地不同地理环境的差异和风俗习惯的差异形成的。地域文化不仅有不断发展的特性，也有相对稳定的特性，一方水土孕育一方文化，一方文化影响一方经济、造就一方社会。

在中华大地上，不同社会结构和发展水平的地域，其自然地理环境、资源风土、民俗风情习惯、政治经济情况等，孕育了不同特质、各具特色的地域文化。从中国区域上划分，地域文化包括中原文化、三秦文化、燕赵文化、中州文化、齐鲁文化、三晋文化、湖湘文化、徽文化、赣文化、闽文化等；从地域文化的内容上划分，地域文化包括方言文化、饮食文化、民间信仰、民间建筑等。

（十三）中华民族服饰

中华民族服饰是指中华各民族所特有的具有鲜明特色的服饰，包括汉族及各个少数民族具有代表性的服饰，中华民族服饰异彩纷呈、绚丽丰富，凝聚着中华各民族不能割舍的文化交融，有着共同血脉的连接，人们从穿着这一层面构筑了中华民族服饰的总体面貌。汉民族传统服饰，简称"汉服"，汉服历史悠久，款式众多，主要分为常服和礼服，历朝历代皆有自己的特点，很多国家的服饰都借鉴了汉服的特点。民族服饰文化内涵丰富，包括服饰的原料、制作工艺、色彩等因素。民族服饰的多样化，充分体现了中华民族文化、经济、政治、军事等方面的繁荣和强大。

（十四）中国饮食文化

中国饮食文化是一种视野广阔、层次繁多、角度复杂、品位高雅的区域文化，是中华优秀传统文化的主要内容，是中华各族人民多年的生产和生活实践中，在食源原料、食具材质、营养保健和饮食审美等方面创造和积累的丰富的物质和精神财富，中国饮食文化以饮食生活的形式体现了中华文化包容性、重伦理、求境界的特征。中国的饮食文化对外国的饮食文化产生了深刻的影响，得到了世人的称赞。中国饮食的主要特色是风味多样、四季有别、色彩绚丽、香味四溢、质朴美感，注重情趣和食医的完美结合，深刻体现了中国饮食文化的尚美特色，塑造了中国饮食鲜美的口感、芳香的气味、亮丽的色泽、动感的造型、精美的器具和优美的环境等不可多得的文化传统；同时，中国饮食还体现了饮食文化中的善德境界，饮食产品的外在美、内在美和感性美能够陶冶性情、修养心性、颐养心性。

早在商周时期，中国的膳食文化就已有雏形；再到春秋战国的齐桓公时期，饮食文化中南北菜肴风味就表现出差异；到唐、宋时，南食、北食各自形成体系；到清代初期时，鲁菜、川菜、粤菜、苏菜成为当时颇有影响的地方菜，被称作"四大菜系"；到清末时，浙菜、闽菜、湘菜、徽菜四大新地方菜系分化形成，共同构成中国传统饮食的"八大菜系"。除八大菜系外，还有一些在中国较有影响的细分菜系，如潮州菜、东北菜、本帮菜、赣菜、楚菜、京菜、津菜、冀菜、豫菜以及客家菜等。

（十五）中国神话

中国神话是中华传统文化的一个重要内容。在古代，由于经济非常落后，科学也非常不发达，人们对自然界中的很多现象不能正确科学地解释，就幻想有一种超自然的力量存在，这种力量控制着宇宙和人类的一切活动。神话产生的意义通常为人们一种思想和意愿的表达，当人们心中的一种理想不能实现的时候，就会希望有一种超自然的神灵出现，自己全身心去膜拜、去供奉，深刻表达了人们想征服自然、实现人的不同理想的强烈愿望。在一些文艺作品中，人们有时会用神话和传说来反映现实或讽喻现实，以达到教育的目的。

中国流传有很多神话，比如女娲补天、精卫填海、后羿射日、夸父逐日、嫦娥奔月、雷泽华胥、龙伯钓鳌、嫘祖养蚕等。中国神话的角色包括后羿和嫦娥等上古传说人物、天帝和夸父等先秦神话人物、鲲鹏和太阳鸟等神木神兽、古莽等先秦灵地及神仙、不死药和琼枝等先秦仙药以及哮天犬和青龙等神兽和神怪等。

（十六）中国传统音乐

中国传统音乐指的是我国劳动人民在漫长的历史发展和社会实践中，通过对生活和环境的感悟和理解，创造出来的具有民族特色和地域文化的以声音为元素的文化作品。中国传统音乐丰富多彩、种类繁多，既有传唱千年的音乐精品，也有具备现代音乐特色的时代作品，为中国国人所热爱。传统音乐是我国民族音乐中一个极为重要的组成部分，传统音乐与新音乐的区别并不在于创作时间的先后，而在于其表现形式及风格特征。如二胡独奏曲《二泉映月》《渔舟唱晚》虽是近代音乐作品，但其表演形式与中国古代音乐的表现形式有相同之处，有中华民族固有的特点和风格，我们也称其为传统音乐。

传统音乐分为五大类：歌曲、歌舞音乐、说唱音乐、戏曲和器乐。中国传统音乐是中国劳动人民留给世界的无价瑰宝，对于推动人类文明发展，丰富人类的生活起到了不可替代的作用。

总之，中华传统文化博大精深，内容非常丰富，中华传统文化来源于我们的生活，而且融入和指导我们的生活。

第二节　中华传统文化的基本精神

钱穆先生在《中国文化精神》篇首便开宗明义："中国文化精神，应称为道德的精神。"在《民族与文化》中，他又更为具体地提出："中国传统文化，彻头彻尾，乃是一种人道精神、道德精神。"

中华传统文化的基本精神，是指在中华传统文化影响下，长期受到人们的尊崇、影响着人们的思维和行为方式，并在彼此之间进行不断的相互凝聚和整合的思想观念，是指导中华民族长期发展，不断前进的精粹思想。❶

中华传统文化的基本精神是中华民族在几千年历史发展和文化继承中逐渐形成的、普遍遵从并被普遍认可的价值取向，是中华民族不断发展和前进的动力，是中华民族勇于战胜和克服一切困难的精神支柱和力量源泉。

中华传统文化的基本精神，可以概括为如下五个方面。

---

❶ 何龄修. 读顾诚《南明史》[J]. 中国史研究, 1998（3）：167-173.

一、以人为本的精神

以人为本的精神是一种以人为对象和中心的文化精神。以人为本，即要把人类的生存和需求作为出发点，与其他事物相比，人更重要，更根本，以人为本是万事万物的开端，在人类的活动中，始终强调人的重要性，强调人的物质和精神需求的合理性。纵观中外文化发展的过程，与古希腊、古印度的文化相比，中华传统文化中神本主义始终不占主导地位，而以人为本的精神成为中华传统文化的基本精神。

孔子一直主张以人为本的思想，孔子首先肯定人是宇宙中最高贵的物种，我是人，唯有人有"我"的自觉。孔子的思想中特别提出一个"仁"字，奠定了人伦基础和道德规范，故曰"仁者人也""仁者爱人""克己复礼为仁"。

孔子言："志士仁人，无求生以害仁，有杀身以成仁""夫仁者，己欲立而立人，己欲达而达人""己所不欲，勿施于人"，这里孔子将以人为本、自利利他作为基本的道德原则。孔子又强调"为仁由己""仁远乎哉？我欲仁，斯仁至矣！"。

老子提出了"三生万物"思想，其本质含义就是"三才生万物"。"三才"指天、地、人。《易经》云："是以立天之道，曰阴与阳；立地之道，曰柔与刚；立人之道，曰仁与义；兼三才而两之，故《易》六画而成卦。"意思是构成天、地、人的都是两种相互对立的因素，天、地、人由这些互相依存又互相对立的因素和合而成，缺一不可，而卦是《周易》中象征自然现象和人事变化的一系列符号，天道之性为阴阳，地道之性为柔刚，人道之性为仁义。

此外，管仲提出"以人为本"；《谷梁传》云："民者，君之本也"；贾谊《新书·大政上》提出"国以民为本"；李世民《民可畏论》云："民可以载舟，亦可以覆舟"等。这些内容也都体现了中华传统文化中以人为本的精神。

西方古典文化是以神为上，体现的是神本主义文化，这种神本主义文化有着十分突出的宗教思想。当今学者普遍认为，人类精神以神话开始，以宗教发展为延续，而宗教的产生和发展，对社会道德的提升和人类文明的发展产生了非常积极的作用，这正是宗教的基本功能。在封建时代，差不多所有的国家和民族都处于宗教的统治之下，宗教成为治理国家和促进百姓道德提升的有效依托。西方基督教认为"上帝是存在的，上帝就在我们身边，上帝是宇宙的创始者和主宰者"，上帝是人们的最高信仰，是人们追求的最美好的家，只有依靠上帝，才能抵达理想彼岸世界，上帝是人们精神的最高寄托。在人们看来，人们的思想和行为离不开上帝，上帝是具有终极智慧的，人们行为的准则和生活的目标，都来自万能的上帝的指导和开示。为此，在中世纪的西方哲学史中，许多唯心主义者都把论证"上帝存在""灵魂不死"当作哲学的重要课题。

而中国的传统哲学逐渐脱离了神的主宰的思想，主要强调积极的入世主义。孔子采取远离鬼神的态度：季路问事鬼神。子曰："未能事人，焉能事鬼？"曰："敢问死。"曰："未知生，焉知死？"孔子认为人的首要任务是提高自身的修养，了解人生的道理，做好现实人生的事情；如果连现实人生的许多事情都做不好，鬼神也起不到什么作用。

不论是传入中国的宗教，还是中国本土不断发展起来的宗教，都有浓厚的人文精神，都体现了以人为本的思想。中国道教有着独特的内容体系和思维方式，与世界上其他宗教有相似之处，但也有很大的不同。作为本土宗教，道教没有把人的灵魂与肉体截然分开，认为现实世界与彼岸世界是统一也是对立的结合体，不主张灵魂用一种外在的力量来拯救，而主张通过自己的努力修炼成仙、长生不老，把成仙看成是现实生命的延续，承认人在现实生活中的重要性，肯定人的现实生活。

总之，中华文化一贯注重现世的人生，重视人的主观能动作用，突出人的核心地位，使中华传统文化表现出了充分的人文主义精神，把人的眼光拉向社会，从而走向更广阔的空间。

二、天人合一的精神

《道德经》中说："人法地，地法天，天法道，道法自然。""天"代表"道""真理""法则"，"天人合一"就是与先天本性相合，回归大道，归根复命。"天人合一"不仅仅是一种思想，更是一种状态。"天人合一"的思想最早由道家思想家庄子提出，经过丰富和发展，逐渐成为中华传统文化的主体内容之一。宇宙自然是大天地，人则是一个小天地。人和自然在本质上是相通的，故一切人事均应顺乎自然规律，达到人与自然的和谐。

"天人合一说"是中华传统文化的基本精神，也是中国哲学最重要的基本思想。这一观点大致上可以分为五类学说：孔子的"天人一德说"、老子的"天人一体说"、孟子的"天人一性说"、董仲舒的"天人一类说"、二程和朱熹的"天人一道说"。这些学说，既强调天是万物的起源，同时又强调人事的作用，从儒学多年的实践角度看，天人合一思想成了人们的行为准则，而且成为儒家学派解释历代制度的理论依据。

在中华传统文化的发展史上,很多经典都对"天人合一"有过详细的阐述,比如经学史上对于《周易·乾卦》卦辞"元、亨、利、贞"四个字的解释,就很好地体现了古人天人合一的思想。宋代理学家程颐指出:"乾,天也。……元亨利贞谓之四德。元者万物之始,亨者万物之长,利者万物之遂,贞者万物之成。"他把"元亨利贞"解释为一年四季春夏秋冬,很符合天道运行的特点。而《周易》的《文言》则说:"元者,善之长也。亨者,嘉之会也。利者,义之和也。贞者,事之干也。君子体仁,足以长人;嘉会,足以合礼;利物,足以和义;贞固,足以干事。君子行此四者,故曰:乾:元亨利贞。"这样又把"元亨利贞"解释为君子四德。

儒释道三家对"天人合一"的思想观念在"天人关系""顺从自然"和"天人协调"三个方面都有着相同的解读方式:都肯定人是自然不可分割的一部分,都强调人要遵循自然的规律和选择,都认为人的理想是天人的协调。

三、刚健勇猛、自强不息的积极进取精神

《周易》中的《易传》象曰:"天行健,君子以自强不息。"意为君子应该效法上天刚健、运转不息之品格,一个有理想的君子应该自强不息、进德修业、永远为自己所追求的目标而努力奋斗。天即自然,也就是规律,天的运动刚强劲健;相应地,君子处事,也应像天一样,力求自我进步,刚毅坚贞,不屈不挠,发奋图强,自强不息。

中华传统文化里一直贯穿着刚与柔的思想、动与静的思想、有

为与无为的思想，这些思想相互对立又相辅相成，这些范畴的斗争与统一，一方面成就了中华传统文化的多姿多彩、丰富博大，另一方面也一直是中华民族奋发向上、蓬勃发展的动力和力量源泉。

中华民族是一个伟大的民族，几千年来中华民族以不怕困难、刚毅坚强和勤劳勇敢而著称于世。中华民族自古就有"盘古开天地"的气魄，"女娲补天"的艰辛，"夸父追日"的坚毅，"后羿射日"的胆识，"愚公移山"的不屈，"精卫填海"的执着，这些品格无一不凝结着中华民族一往无前、不怕困难、知难而进、顽强拼搏的精神品格，无一不是对中华民族坚持不懈、自强不息精神的真实写照，孕育了中华民族自强不息的精神。

孔子一生为国家和天下百姓不停奔波，是历史上难得的身体力行的思想家和教育家，他幻想以周礼匡扶乱世，"明知其不可为而为之"，结果是"发愤忘食，乐以忘忧，不知老之将至也"，为后人树立了光辉的典范。孔子的行为、思想、积极进取精神对中华民族的伟大历史产生了深远的影响，孔子的精神不断激励着后人不断奋发向上。同时，孟子也从自身的人格和修养出发，提出了"吾善养吾浩然之气"；荀子则从天人关系的角度提出"制天命而胜之"的著名论断。"天行健，君子以自强不息"的思想深入人心，其刚健、自强不息的观点，为全社会所接受。

革命战争时期，党和人民在党中央的正确指引下，克服了重重困难，坚持革命乐观主义精神，使中华民族自强不息的民族精神得到了进一步发扬，并赋予其新的历史意义。著名的井冈山精神、长征精神、南泥湾精神、延安精神、西柏坡精神等都是自强不息的民族精神在这一时期的体现。著名的"两弹一星"精神、大庆精神、铁人精神等是中华民族自强不息的精神的继续丰富和发展。改革开放以后，中华民族自强不息的民族精神在应对纷繁复杂的国内外局势的过程中继续发扬光大。从中国的实际出发，在初步回答什么是社会主义、怎样建设社会主义和回答建设一个什么样的党以及怎样建设党等重大理论和现实问题的基础上，概括出中国的创业精神，"两手抓，两手都要硬"的改革精神，众志成城的抗洪精神，务求实效、艰苦奋斗的新西柏坡精神，与时俱进、不断创新的开拓进取精神等，都是自强不息的民族精神在新时期的体现。

正是这种刚健有为、自强不息的精神，凝聚、增强了民族向心力，推动了中国社会和中华传统文化的不断发展。

四、崇德兴仁的精神

"崇德兴仁"就是崇尚高尚的道德和仁爱的思想。

"崇德兴仁"是佛家的基本思想。佛家经典《佛说大乘无量寿庄严清净平等觉经》云："佛所行处，国邑丘聚，靡不蒙化，天下和顺，日月清明，风雨以时，灾历不起，国丰民安，兵戈无用，崇德兴仁，务修礼让，国无盗贼，无有怨枉，强不凌弱，各得其所"，描述了"崇德兴仁"能够使国家富裕，人民安乐，人们和睦相处，社会稳定和谐，风调雨顺，没有灾难和战争，国家没有盗贼和冤假错案，没有欺行霸市和恃强凌弱的事情发生，大家都能得到各自所需。

"仁"是儒家思想的核心内容，也是孔子极力推行的重要思想，对中华传统文化的发展有着重要的影响。两千多年来，"仁"的思想对中华民族的人伦准则和道德规范产生了重大影响。《论语》中孔子及其弟子提到仁的地方达109处之多："樊迟问仁。子曰：'爱人。'"（《论语·颜渊》），"泛爱众，而亲仁"（《论语·学而》）。这些语境中的"仁",体现仁义、仁爱、仁和之意。仁者,首先要有一颗仁慈的心,要有广阔的胸怀,不仅爱志同道合的人,还能爱志向不同、意见不合的人;不仅爱亲近的人,还能够爱天下众人;不仅当下尽仁爱之心,而且能够恒久地施行仁爱之心。爱人会得到人爱,爱人即爱己。爱和被爱,会促进人的精神愉悦,激发人的极大的潜能,增进友好和谐,促进良好人际关系的形成。

仁的另外一种表达形式是"忠恕达人"。曾子曰:"夫子之道,忠恕而已矣。"(《论语·里仁》)"忠",从字面看,心处于正中,不偏不倚,指尽己之力为人谋事,忠于职守。"恕",从字面看,如同一心,待人如己,指根据自己内心的体验来推测别人的思想感受,将心比心,设身处地为他人着想,达到推己及人的目的。如何行"恕"?孔子曰:"其恕乎!己所不欲,勿施于人。"(《论语·卫灵公》)是说,自己不愿意的,不要强加给别人。如何做到"仁"?孔子指出:"夫仁者,己欲立而立人,己欲达而达人。"(《论语·雍也》)是说,至于仁人,要想自己站得住,也要帮助别人一同站得住;要想自己过得好,也要帮助别人一同过得好。如何做到"立人"和"达人"?曾子曰:"吾日三省吾身,与人谋而不忠乎?与朋友交而不信乎?传不习乎?"(《论语·学而》)立人先立己,达己而达人。"己所不欲,勿施于人"和"己欲立而立人,己欲达而达人"是对"忠恕"具体内涵和具体实施的最好解释。

孔子把"仁"作为最高的道德原则,他首次把整体的道德规范集于一体,形成了以"仁"为核心的伦理思想结构,包括孝、悌、忠、信、礼、义、廉、耻、仁、爱、和、平等内容。其中孝、悌是仁的基础,是仁学思想体系的基本支柱之一。他提出要为"仁"的实现而献身,即"杀身以成仁"的观点,该观点对后世产生了很大的影响。

"德"也是儒家的重要思想,有着丰富的内容。一般说来,"德"与"道"有着非常密切的关系,《道德经》云:"道生之,德畜之。"意思是说,道能生和繁衍万物,而德能畜养和滋润万物。"子张问仁于孔子。孔子曰:'能行五者于天下为仁矣。''请问之。'曰:'恭、宽、信、敏、惠。恭则不侮,宽则得众,信则人任焉,敏则有功,惠则足以使人。'"(《论语·阳货》)这是孔子施行仁德的五种道德规范。孔子认为,个人能够身体力行这五种道德规范,就是仁人了;国家能够施行这五种道德规范,就是仁政了。

唐代魏征等著的《群书治要》中,提出了"偃武修文"的理念,同时又提出了"治国安邦"的思想,其中详细阐述了为政和崇德兴仁的思想,吸取了诸子百家中有关修身、齐家、治国、平天下的主要精神,遵从内圣外王之道,详细总结历代国家兴衰之根本原因,遵循古圣先王的统治之道,崇尚高尚的德行,以仁德治天下,顺天爱民。《群书治要·贾子》云:"爱出者爱返,福往者福来。"《群书治要·尚书》云:"弗务细行,终累大德。"深刻阐述了崇德的重要性,为个人修心修身和当今国家治理提供了重要启示。

五、礼治精神

中华传统文化始终体现着一种礼治精神。礼是中华民族一种独特的文化现象,也是中国社会不断发展的政治、经济、文化世代相承的存在状态。作为一种社会理想的礼治精神,其实质是强调人与人之间的和谐的关系、社会与人之间的良好的秩序。这种社会与人的有序或无序、和谐与不和谐,在儒家看来,就应是遵从一定的次序，表现为群臣有序、父子有序等。礼治精神作为传统文化的重要内容以及人与人之间关系的关键因素，吸引着很多学者去研究探讨。

礼治思想是儒家的主要学说之一。孔子主张"仁"，而"仁"与"礼"是一体的，孔子说："人而不仁，如礼何？"孟子把礼治的思想进行了补充和发展，把仁、义、礼、智作为人们最基本的道德规范。荀子更重视礼的重要性，著书详细论述了礼的发展、起源、内涵、地位和作用，强调人无礼不生，事无礼不成，国无礼不宁。

孔子认为，讲究"礼"是治理国家的需要，是国家兴旺和发达的需要。孔子说："为国以礼。"（《论语·先进》）认为用"礼"才能更好地治理国家，否则，礼仪就会失去应有的作用。"丘闻之，民之所由生，礼为大。非礼，无以节事天地之神也；非礼，无以辨君臣、上下、长幼之位也；非礼，无以别男女、父子、兄弟之亲，婚姻疏数之交也。"（《礼记·哀公问》）孔子又说："礼，经国家、定社稷、序民人、利后嗣者也。"（《左传·隐公》）孔子又论述："'君君、臣臣、父父、子子。'公曰：'善哉！信如君不君、臣不臣、父不父、子不子，虽有粟，吾得而食诸？'"（《论语·颜渊》）在这些论述里，孔子认为"君要合于君道、臣要合于臣道、父要合于父道、子要合于子道"，这是天之道、地之道和人之道，孔子的这些思想都是从不同的侧面阐述君臣之礼、父子之礼对于维系社会、维系纲常、维系家庭的重要作用。

一个礼仪之邦，不仅国家的发展需要礼，社会的安宁需要礼，国家官员需要礼，需要用礼来治理国家，同时也要求每个公民知礼守礼，礼是立身之本。孔子认为："不知礼，无以立也。"（《论语·尧曰》）"君子博学于文，约之以礼，亦可以弗畔矣夫！"（《论语·雍也》）孔子还特别重视礼在个人修养方面的作用，所以，孔子要求其弟子做到"非礼勿视，非礼勿听，非礼勿言，非礼勿动"（《论语·颜渊》）。孔子不仅用礼教思想教育他的学生，也以礼严格约束自己，在日常生活中，他处处循礼而行，以礼来规范自己的行为，所以才真正达到"七十而从心所欲，不逾矩"（《论语·为政》）的境界。孔子认为，一个品德高尚的人必须具备德才兼备的思想素质，一个品德高尚的人不仅要博览群书，而且要非常明礼，以礼仪约束自己，提高自己的修养，只有这样才能坚守正道。

礼治作为人们行为的基本目标和规范，在对社会的和谐发展、稳定人与人之间的关系方面起着重大的作用。礼治精神规范了人们的思想和行为，不仅促进了社会的稳定和繁荣，也丰富了中华民族灿烂的文化，对社会管理实践和社会文明的发展都起到了重大的作用。

第三节　中华传统文化的基本特征

中华传统文化道德彰显人文精神，主要表现在如何处理人的精神家园的问题上，中华传统文化奉行道德至上，弘扬精神人格。中华传统文化包含着极其丰富的内容，就其最基本的特征来说，可以概括为如下方面。

一、整体性

中华传统文化的核心特征是其整体性。中国几千年的传统封建社会属于传统农业文明和自然经济社会，传统农业文明和自然经济社会要求通过群体的力量来实现民族的生存与发展。中华传统文化的优秀成果就是站在国家整体的角度进行研究的，因为中华民族始终把群体利益置于个体利益之上。这种群体性精神不是强调确立个体独立人格，也不是强调个体心理特征和性格特点的充分发挥，而是强调一种人们应该具有的对别人、对社会的人伦义务。

中华传统文化博大精深，源远流长，只有在比较全面地了解中华文化各个门类的基础上，才有可能对其总体特征与实质获得较深入的理解。事实上，整体性把握文化，本身就是中华传统文化的基本精神之一。中华传统文化的整体性体现为注重以血缘、亲情为纽带的家庭关系，个体的生存和发展依赖于家庭、国家的生存和发展。中华传统文化的整体性对中华民族凝聚力的提升和统一国家的形成和发展起到了重要作用，并促成了中国整体主义和集体主义的形成与发展。

二、时代性

时代性是指优秀传统文化要与时代需要、时代发展相结合，从而让优秀传统文化焕发出新时代的魅力。中华传统文化会随着社会的发展而不断地发展和进步，因为文化的本质不是既成的事物而是变化的过程，多少年来，传统文化一直处于不断继承与不断变化的对立统一规律之中，呈螺旋式的上升和波浪式的前进的状态，旧的形式不断被新的形式所替代，但在新的形式中又包含着持久恒常的民族精神。

习近平总书记指出："中华文化源远流长，蕴育了中华民族的宝贵精神品格，培育了中国人民的崇高价值追求。自强不息、厚德载物的思想，支撑着中华民族生生不息、薪火相传，今天依然是我们推进改革开放和社会主义现代化建设的强大精神力量。"中华传统文化的时代性主要体现在内容的选择方面，也就是说，中华传统文化的时代性需要根据时代需要进行取舍。在内容选取的过程中，一方面是结合当前社会主义现代化建设的需要，另一方面是结合大学生生命成长与发展的需要，从而让优秀传统文化能够真正为现代事业的发展提供精神资源与动力，成为当前社会发展与大学生成长中必不可少的一部分。

三、地域性

传统文化的另一个重要特征就是其地域性。事实上，中华传统文化的内容是一个民族、一个区域的人们在千百年来的生产、生活中的积累和沉淀，是当地劳动人民集体智慧的结晶，是特定地域风格、文化观念乃至行为方式的体现，不仅具有很强的地点上的地域性，而且具有时间上的延续性，还具有表现形式上的独特性。

中国国土辽阔、地大物博、人口众多，传统文化的内容也丰富多彩，在中华传统文化这一体系之中，既有源自黄河流域的华夏文明作为主体，也有多样的少数民族文化作为补充，相得益彰。

中华传统文化早在数千年前就与异国文化开始了交流。汉唐时期，中华文化是相当开放的。在许多方面，中华民族的祖先曾非常勇敢地、毫不犹豫地吸收外来文化因素并加以改造，不断丰富中华文化的内涵。从意识形态方面看，中国接受了从印度传来的佛教，这是世界主要文明体系之间的最大规模的交流之一；从艺术方面看，中国大量吸收了沿丝绸之路传来的异国音乐、舞蹈，并使之中国化；

从饮食、服饰、民俗等方面看，中国所吸收的异国文化内容也十分惊人。与此同时，中国也将自己的文化向外输出，如四大发明、丝绸与瓷器等工艺制作等，都对世界文化产生了积极的影响，对人类文明做出了巨大贡献。

当今世界已经是一个全球化的世界，跨国资本及其消费文化的历史性扩张，逐渐解构了人类社会的地域传统和生活秩序，地域性传统文化陷入前所未有的衰落与困境之中，置身于这样一个全球化的语境中，如何传承地域性传统文化，并保持世界文化的多元化，是一个值得探究的课题。

四、发展性

传统文化产生于特定时代，因时代的局限性，其具有两面性，其中精华与糟粕并存，养料与毒素同在。优秀传统文化对教育有正面的积极的影响，反之，传统文化中不好的部分也有负面的消极的作用。继承是发展的前提，发展是继承的必然要求，继承和发展是统一过程的两个方面。文化在继承的基础上发展，在发展的过程中继承，在这个过程中，不断革除陈旧的、过时的旧文化，推出体现时代精神的新文化，即"取其精华，去其糟粕，推陈出新，革故鼎新"。

"不忘本来才能开辟未来，善于继承才能更好创新。"习近平总书记在参观历史文化名城山东曲阜孔府、孔子研究院时强调，中华传统文化是我们民族的"根"和"魂"，如果抛弃传统、丢掉根本，就等于割断了自己的精神命脉。要坚持马克思主义的方法，采取马克思主义的态度，坚持古为今用、推陈出新，有鉴别地加以对待，有扬弃地予以继承，既不能片面地讲厚古薄今，也不能片面地讲厚今薄古。

继承和发展传统文化，首先要区分"精华"与"糟粕"，传承其中优秀的部分，舍弃其中陈旧腐朽的部分。比如，近些年女德学习热潮提倡阅读《女诫》《内训》等古籍，书中教女子"言"要温和、"工"要勤俭、"容"要得体等，这些依然值得现代女性学习。但其中陈旧的思想要抛弃，"未嫁从父、出嫁从夫、夫死从子"等观念，"女子无才便是德"等言论，严重损害了女性的自由与平等权。苏绣是中国四大名绣之一，在苏绣的传承中，苏绣艺人们就把苏绣细腻的针法和素描的特征进行结合，创造出了全新的针法，虽与原本的苏绣作品截然不同，但这难道不是对苏绣的传承吗？因此我们在对传统文化"传统"传承的同时也要大胆地进行创新，将新时代的元素添加进去，用新时代的科技、艺术、文化等内容共同为传统文化的传承打开新局面。

在继承和发扬优秀传统文化时应该认清，我们学习并传承的是文化内涵，是精神、思想和灵魂，而不是形式。以古人之规矩，开自己之生面，相信随着社会的发展和不断进步，老祖宗留下来的优秀传统文化必然会薪火相传，并能实现中华文化的创造性转化和创新性发展。

五、伦理性

中华传统文化是一种伦理型文化，这种文化有着我们中华民族自身的特点，按照中国古代的传统说法，可以把中华传统文化叫作"崇德"型文化。中华传统文化最重要的社会根基是以血缘关系为纽带的宗法制度，它在很大程度上决定了中国的社会政治结构及其意识形态。由家庭发展成家族，再集合为宗族，组成社会，进而构成国家，这种家国同构的宗法制度是形成中华传统文化重伦理、倡道德的根本原因。

五伦、五常、四维、八德描述了中华道德发展的历程。中华传统道德发展的历史告诉我们，道德的产生与发展都是人类社会生活的需要，并随着社会生活的变迁而变化，这种变化既包括基本道德规范数量的增减，也包括每个道德规范在不同历史时期自身内涵的丰富与发展。

五种人伦关系包括：父子有亲、君臣有义、夫妇有别、长幼有序、朋友有信。也就是说，父子之间有骨肉之亲，它是排在第一位的，可见其重要性；君臣之间要有礼义之道，也就是说臣对君要忠诚、要尊重；夫妻之间要互相挚爱，而又内外有别，夫要有阳刚之气，妻要温柔、善良和体贴；老少之间要有尊卑之序，晚辈要尊重长辈，长辈要关心和爱护晚辈；朋友之间要真诚、守信。这五伦关系是最基本的、处理人与人之间关系的道理和行为准则。父慈子孝，乃是血脉亲情之道；君义臣忠，乃是上下关系之道；夫刚妇柔，乃是相濡以沫之道；长幼有序，乃是礼义相悌之道；朋友有信，乃是肝胆相交之道。

这种人伦关系的实质是对家庭各个成员应尽的责任和义务加以规定，父母对子女有抚育的责任，子女对父母有奉养的义务。这就是儒家所倡导的"人道亲亲"。由"亲亲"的观念出发，引申出对君臣、夫妻、长幼、朋友等关系的整套处理原则。其中"孝道"是最基本的原则，"百善孝为先"，所以梁漱溟称中国文化为"孝的文化"。"孝"的基本内容是"父为子纲"，强调子女对父母之命的绝对服从。这种道德信念延伸到社会组织中，衍生出"君为臣纲"，孝道转化为治国之道。于是，个人对国家社会的责任就变成了对权威无条件的伦理服从。高居于万民之上的君主就获得了维护自己统治权的堂而皇之的理论依据，并把以道德教化控制臣民变为现实，这就是"以孝治天下"。

我们可以将这种忠孝原则推广一下，这种原则可以用以处理个人与社会、个人与他人的关系，其基本的道德原则就是"己所不欲，勿施于人""老吾老以及人之老，幼吾幼以及人之幼""己欲立而立人，己欲达而达人"。

在中国的传统教育中，重伦理、倡道德始终处于核心地位，德教为先，育人重德。从先秦的孔子、孟子、荀子一直到宋明以后的程朱理学、陆王心学都始终把伦理道德教育作为中心，以"明人伦"为宗旨。在中国的传统文化中，伦理思想贯穿其始终，融汇在中国传统的哲学、政治、历史、文学、教育思想中，并且紧密地结合在一起，这是中华传统文化最显著的特征。

六、和谐性

中华传统文化重和谐与统一的特点，首先体现为人与自然的和谐。《道德经》中提出"人法地，地法天，天法道，道法自然"的哲学观点，道法自然即遵循自然，即万事万物的运行法则都是遵守自然规律的。《中庸》提出："唯天下之至诚，为能尽其性。能尽其性，则能尽人性。能尽人之性，则能尽物之性。能尽物之性，则可以赞天地之化育。可以赞天地之化育，则可以与天地参矣。"这段话深刻阐述了天、地、人并立、统一与和谐性，圣人一定要用天地大道了解自己的本性，然后就能了解天地万物的本性，就可以与天地并立为三，以达到天人和谐一致。

中华传统文化还把协调人际关系放在很重要的位置。孔子主张"礼之用，和为贵"，孟子提出"天时不如地利，地利不如人和"，可见"和"的重要性，"和"是取得事业成功的必备条件。《国语·郑语》称："商契能和合五教，以保于百姓者也，五教和合能使百姓安身立命。"在这里"五教"是指父义、母慈、兄友、弟恭和子孝。管仲认为："畜之以道，养之以德。畜之以道，则民和；养之以德，则民合。和合故能习，习故能偕，偕习以悉，莫之能伤也"，强调民众和谐的重要性，把民众的和谐统一视为民众道德高尚的直接体现，认为民众和谐就是学习道德，民众只要能够和合，就能产生强大的精神力量，这种力量能够为造福社会和人民做出巨大贡献。反之，天下不安定的原因就是"内之父子兄弟作怨仇，皆有离散之心，不能相和合"。

孔子主张"君子和而不同，小人同而不和"，只有社会中不同思想能够正常交流，才能构成和谐。和谐的最高境界就是"大同理想"和"中庸之道"。"大同理想"的实质是一种对和合境界的追求。"中庸之道"是处理人与人、人和社会关系达到和谐境界的最高原则和最高境界，孔子把它称作最完美的道德："中庸之为德也，其至矣乎。"何谓"中庸"，宋代理学家解释道："不偏之谓中，不易之为庸；中者天下正道，庸者天下之定理。""中者，不偏不倚无过不及之名；庸，平常也。"可见，中庸的核心思想就是强调人们在为人处事上思想和行为的适度和守常。做到孔子倡导的"五德"——"惠而不费，劳而不怨，欲而不贪，泰而不骄，威而不猛"，以此达到人与人之间和睦相守的完美境界，实现社会的"大同"理想。这种强烈的和谐意识使中华民族具有强大的民族凝聚力和向心力。

第四节 中华传统文化的思维方式

文化包括三个方面，第一个是人们最基本生活需要方面的文化，第二个是约束机制方面的文化，第三个是人们经过多年的生活和习惯形成的观念方面的文化。在这三个文化层面中，儒家、佛家和道家思想是中华传统文化发展的主体框架，并且深深融入了人们的生活。

思维方式是一个人看待问题的基本态度和基本方法，思维方式的差异形成了人的个体差异，也会形成文化上的差异。中国的传统文化和中国人的思维方法是相互影响、相互制约的，有什么样的传统文化就有什么样的思维方法，思维方法反过来影响、制约着民族文化的发展。

一、中国传统思维方式的特点

中国传统思维方式有着很明显的特点。第一个特点是全局性，也就是说考虑问题的思维方式要从全局出发，注重全局和局部的关系，以全局的观点来描述社会的状态，反映事物的发展规律。第二个特点是实用性，强调认识来源于实践又服务于实践，注重思维的直观性和抽象性，注重概念的递进性，注重认识上的伦理性。

中国的传统思维方式除了注重全局性和实用性外，还非常注重形象思维，并善于将形象思维与抽象思维有机结合起来，总结出事物的一般规律，再用这个规律指导社会实践；注重人们的直觉思维，并善于从直觉思维中去体悟内心的感觉和体验，重视逻辑推理等。

中国传统思维方式的总体目标就是要达到整体和谐。中国人希望通过彼此的努力能够左右逢源，从而达到整体和谐；从认知的过程来看，中国人看问题从局部到整体，避免只见树木不见森林，习惯从大局系统地去研究事物发展的过程与状态，把握事物的处理方法；从行为表现上看，中国人避免处理问题极端化，要留有回旋的余地，所以在生活中处理问题的时候，多是采取中和的方法，不偏不倚。

二、中华传统文化对中国传统思维方式的影响

思维是对客观事物的概括和间接的反应过程，这个过程包括人对生活或对某一问题的认知或智力活动。思维包括直观行为思维、抽象逻辑思维和具体形象思维，思维是探索与发现事物的内部本质联系和规律性，是认识过程的高级阶段。

思维方式是一个人看待问题的基本态度和基本方法，中国现在的思维方式是从封建时代开始发展和延续起来的一种方式。很早以前，农民在田间劳动是古代人们经济生活的主要内容，这种生产方式形成了一套固定的传统的思维方式，家族观念的思想与当时社会种族观念的形成，都是中国传统思维方式形成和发展的主要土壤。古代非常讲究的、严格规范的"礼"，以及表现当时人民精神思想的"乐"，都深刻体现了中国传统思维的一种形式，这些人们思维活动的主要方式，还有人民根据当时社会的经济和文化的现状所存在的精神生活以及所表现的重要形式，是古代思维方式初步形成的主要

因素，这种思维既有不变的因素，又有随着时代不断发展的重要因素，这些因素在中华民族绵延五千年的历史文化的长河中，影响了中国传统思维方法发展的特点和模式。

传统思维的结构很早就形成了，在春秋战国时代，儒、道两家的思想既相互统一又相互促进，在当时的文化中占主流地位，所以儒、道两家的思想和观念影响了传统思维的发展，奠定了中国古代文化的理论基础，对当时社会的发展和民众的生活产生了很大的促进作用，进而确立了传统思维理论的基本框架。

先秦诸子时期是我国古代文化发展的第一个高峰期，其突出的表现是道家思想的形成，在这个时期，道家的思想逐步成为完整的思想体系，形成了较系统的人生观、世界观和宇宙观，老子根据自己丰富的生活阅历、对乱世时局的思想和对生命的感悟，创立了朴素的辩证法，这一思想对后人的思想方式影响非常深远，使国人习惯以辩证的思维方式去分析和解决问题，对事物的分析更加全面和透彻，这种辩证思维方式，造就了国人不激进、不保守的思维方式。

到了秦代和汉代，国家得到了基本的统一，国家政治制度的制定和社会经济的发展，使得传统思想受到了很大的影响，文化朝着一体化方向发展，从度、量、衡的高度统一，到文学上"罢黜百家，独尊儒术"的思想影响，导致了传统思想方式的一体化，思维方式也发生了根本的变化，虽然后来佛学传入对传统文化有着很大的影响，但以儒、道两家为主体，儒、道互相促进和互相补充的思维模式却始终在文化发展中居于主导地位。这种思想反映到思维方式上，就表现为整体性思维和系统性思维。

中华传统文化历经几千年的发展历史，具有两面性，有精华也有糟粕，因此，其对人们思维方式的影响也具有两面性。在以后的中华传统文化教育中,要扬长避短,补充思维不足的部分,提高人们的整体思维能力,以增强国家的综合实力。

三、中华传统文化思维的整体性

中国传统思维把事物分为对立的两个方面,而以其对立和统一的发展规律来把握整体,把思维对象放在对立的两个方面去把握,就能从全面联系的整体性中反映对象,这就是思维过程中的整体性。中华传统文化的继承和发展得益于中国传统思维的整体性原则。

儒释道文化是中华传统文化的主线,是中华传统文化的核心内容,"儒"指的是儒教,"释"指的是释教,又称佛教,"道"指的是道教,历史上称为"三教"。儒释道文化有其独特的内容和特点,但三者互相融合、促进和发展,充分体现了中华传统文化思维的整体性。儒释道文化的发展,大体可以分成三个阶段,这三个阶段分别是魏晋南北朝梁武帝时期、唐宋时期和元明时期。在儒释道文化发展的过程中,三者是独立的,相互区别,然而它们又具有互补性,对社会的发展和人们道德水平的提升都起着非常重要的作用,推动了社会向前发展。在儒释道文化发展的过程中,三教的思想从开始独立到慢慢交叉和融合,到了最后阶段实现了完全意义上的合一,成为中华传统文化不可分割的一个整体。

儒家认为,大学之道可表述为"三纲八目",所谓"三纲",是指明明德、亲民、止于至善。指明大学的宗旨由三个纲目组成,一是弘扬光明正大的品德,二是把光明正大的品德应用于生活,三是使人达到最完善的境界,这是《大学》的核心思想,也是儒学的目标。所谓"八目",是指格物、致知、诚意、正心、修身、齐家、治国、平天下，这是儒家为人们提出的一个人成功所经历的过程和步骤。意思是要求人们亲自实践，不要有过多的欲望，在实践中树立崇高的道德意识，为人真诚，抵御各种欲望的诱惑，提高自己的品德修养，管理好自己的家庭和本职工作，然后更好地治理国家，为天下众生服务。概括起来，这个三纲八目分为两个方面，一是"内圣"，二是"外王"，也就是指一个人要成功，一定要具有圣人的才德，有了圣人的才德才能对外施行王道，治理国家，更好地为社会服务。"内圣"的标准包括四个方面，也就是"格物、致知、诚意、正心"，"外王"的标准包括三个方面，也就是"齐家、治国、平天下"。而其中间的"修身"环节，则是连接"内圣"和"外王"两方面的桥梁。几千年来，一代又一代的人们把此当作人生追求的理想和目标，也就是成就圣人之道，其影响着无数人为之而努力奋斗，为推动社会道德水平的提升起着不可估量的作用。

　　道家的思想宗旨是道法自然，无为思想，以无为思想治国。道家的思想本质是出世，道家强调要讲"道"，"道"就是规律，宇宙的规律，也是宇宙的本源，也是宇宙中万物存在和生长的规律和准则。道家认为，自然界万物处于经常的运动变化之中，世界上没有固定不变的东西，这就是道，道是宇宙运行的基本法则。《道德经》中说："人法地，地法天，天法道，道法自然"，深刻阐述了道的重要性。道家认为，一个人要想幸福和长寿，一定要按照道的自然规律去想、去行，任何人都不能脱离天道的规律而独立生存，无论你信或不信天道，结果都是如此。如果把这个思想推广开来，一个国家发展昌盛和社会的发展，一定要合乎天道的规律，只有顺应自然、顺应天道和民意，才能国泰民安，才能社会安宁。所以，道家思想中的"清静无为""返本归真""道法自然"等主张，与中医养生、治疗和保健有异曲同工之妙，深刻反映了中华传统文化思维方式的整体性。

佛家认为，佛学是一种至善至美的教育，因为佛家的经、律、论理论体系非常完整，其教育机构也很齐备，佛家强调超世，告诉人们要信因果，坚信六道轮回，强调修心的重要性，修心的目的是明心见性，见到自性，才能与宇宙的能量场吻合，才能超越六道轮回，达到涅槃的彼岸。

佛家认为，人之所以痛苦，是由于内心的欲望，提出贪、嗔、痴三毒是人类痛苦的根源。佛家认为人有八苦，佛学的核心思想是对人生是苦的觉悟，讲万缘放下，一念不生，讲地、水、火、风四大皆空。佛家认为，人的生命是一个经达轮回的过程，人的肉体可以死亡，但人的精神是不死的，人死以后，"神识"也就是人们常常说的"魂魄"会离开人体，经过"中阴身"的过程以后进入另一个刚刚出生的新生命体内，该新生命体可以是天人，可以是人类，也可以是动物、鬼，也可以下地狱。只有到达涅槃的境界方可摆脱轮回。只有明心见性，才能使人清凉自在，恼烦不现，达到《心经》里所描述的不生不灭、不垢不净、不增不减，达到佛陀的精神境界，也就是成佛。佛家认为，学佛的过程，就是一个修心的过程，就是不断调理自己的思想杂念，不断去除无始劫以来大脑里面形成的不正确的思想、观念和情感，最终达到没有烦恼，超脱生死的境界，也就是无所住而生其心，达到八风不动、随缘不变的圆满境界。

儒家、道家和佛家对生和死的态度有着不同之处，佛教追求的目标脱离生死轮回，主张通过自己的修行到达阿弥陀佛的世界，也就是西方十万亿国土的极乐世界。道教主张通过自己的修炼，达到永远不死，长生不老。从这个意义上说，佛教和道教的人生目标是相似的,一个是成佛,一个是成仙,都是想通过修炼远离尘世,到另外一个世界去生活。而儒家则不同,儒家的思想是世间法,不脱离尘世而进行自我完善,强调修身、齐家、治国、平天下,是一种治世工具。

从以上对儒家、道家和佛家文化及其对生死的态度的分析来看,作为社会的意识力量和百姓能接受的思想,儒家、道家和佛家的思想影响范围极广,三分天下,但从整体看,三者不但具有发展性,而且还具有整体性和一致性。纵观三教的主要思想和特点,其都是从维护社会道德,有利政治统治为出发点和归宿,即所谓三教虽殊,同归于德,同归于善,这充分说明了中华传统文化思维的整体性。

四、中华传统文化思维的对立统一性

对立面之间的统一和斗争,是矛盾双方所固有的两种相反的属性。对立面的统一即矛盾的统一性,是矛盾双方相互依存、相互肯定的属性,它使事物保持自身的统一。由于对立面之间相互统一的作用,双方能够相互吸取和利用有利于自己的因素而得以发展。对立面之间的相互斗争,是促成新事物否定旧事物的决定力量。

中华传统文化核心的"中和",就深刻体现了对立统一的思想,它把矛盾的两个方面经过整合,统一到一致的方面上来。习近平总书记就曾深刻指出,"和"指的是和谐、和平、中和等,"合"指的是汇合、融合、联合等。这种"贵和尚中、善解能容,厚德载物、和而不同"的宽容品格,是我们民族所追求的一种文化理念。中和思想不仅是古代治国理政智慧的灵魂,也是构成现代中华政治文化的精髓。

儒家经典《中庸》将中和归为宇宙天地的大道思想，也是世界万物生存发展的根本规律。何谓中和？中的含义是不偏不倚、无过不及、不走极端，即指事物具有的最佳的组成结构以及最精当合理的比例关系，中和表征了事物存在的最佳状态，是事物最优秀的生存和发展规律。中华先哲深刻揭示了中和之道，给我们一个处理事物的最佳思想，这个思想已成为民族的最高生存智慧，使中华民族数千年以"和"为根本价值追求，以"中"为根本思维方式，构成中华民族生存大法，深刻体现了对立统一的哲学思想。

中和之道是宇宙天地的根本规律，也是一个人应该遵守的为人之道，也可以说是一个国家治国理政之道。儒家理想的尧、舜、禹三代治理国家的主要思想就是中和之治。儒家自孔子开始，就肯定尧、舜、禹三代圣人相授相受的治国理政之道就是"允执厥中"的中和之道。孔子高度肯定舜具有治国理政的大智慧，就集中体现在舜善于"执中"的治国之道，即善于在深入广泛考察了解的基础上，正确及时地去除过与不及的两种片面性，而制定并实施最具合理性的决策举措，从而有效改善百姓生活。显然，这种执两用中的治国理政之道，包含着深刻的历史辩证法和唯物辩证法的对立统一智慧。

中国传统思维注重"统一"，注重"互惠互利"；中国传统哲学讲"阴阳一体"，讲"万物和合"，虽不否认对立，但比较强调"统一"，讲"和为贵"，讲"宽容理解"，讲"冤家宜解不宜结"。中华文化是对立统一的文化，是一个和谐、团结、民主的文化，中华文化允许大家有不同的信仰，求同存异，彼此尊重，和而不同。

探寻世界的统一性、发展性与和谐性是中国哲学的本色，"亦此亦彼""你有我有他也有"的思想成为中华文化的思维习惯。

不同民族的文化造就了不同民族的思维方法，而思维方法的不同又对文化产生了极其深刻的影响。思维方法是民族精神的核心问题，它对民族的心理和性格具有深刻和长久的影响，不同民族的思维方式会对社会政治制度产生直接的影响。西方哲学有重视矛盾对立的特点，所以从古希腊开始就培植了民主的传统；中国古代哲学注重矛盾统一的特点，在政治上则表现为"大一统"的思想，这就成为中国封建专制主义的理论基础。

总之，我们对待中国传统思维要持科学的态度，对中国传统思维方法取得的巨大成就应给予充分肯定，并加以完善和发扬，而对它存在的不足也要有足够的自觉的认识。面对科学技术突飞猛进的发展，以及我国改革开放和社会主义现代化建设的新形势，我们的确很有必要重新审视自己的思维习惯和思维方式，研究和学习科学的思维方法，倡导良好的思维品质，迎接新世纪的挑战。

第五节 中华优秀传统文化的德育价值

中华优秀传统文化是德育的文化根基，在德育教育中发挥着不可替代的作用。中华优秀传统文化所蕴含的思维方式、价值观念和行为准则等，蕴含着丰富的人生哲理，对大学生如何实现生命价值有较强的指导意义，不仅具有深刻的历史性和传承性，还有发展性，同时对当下社会的发展和进步也有一定的现实指导意义。在复杂的社会环境与多元化的思想影响下，很多大学生的思想、心理及行为品质出现了一些不良的表现。因而，弘扬中华优秀传统文化，遵循大学生认知规律，对传统文化经典及精髓等进行系统整合，用文化文明的智慧指引当代大学生树立正确的人生观、世界观、价值观、国家观、民族观、历史观、雅俗观，使他们坚定实现"中国梦"的信念，从而进一步构建完善而科学的学校德育建设体系，这是非常必要的。

一、中华优秀传统文化蕴含着丰富的德育思想

中华优秀传统文化非常重视个人道德品质的提高与完善，强调对个人的思想和行为进行自律，高校德育工作的主要目的是帮助学生提升道德水平和自身修养，帮助学生能够按照社会上的道德原则为人处世。"天下兴亡，匹夫有责"是中华优秀传统文化的重要思想，这种以天下为己任的爱国主义精神在几千年来支撑着中华民族的繁荣发展。此外，"为天地立心"的责任意识，"为生民立命"的无私奉献精神，"天行健，君子以自强不息"的积极进取精神，"俭以养德、淡泊明志"的艰苦奋斗精神，以及"立木取信""一诺千金"的诚实守信等优秀品质都是高校德育工作要实现的教育效果。可见，优秀传统文化的内在价值与高校德育的目标是一致的。

二、中华优秀传统文化为大学生提供了丰富的德育内容

大学生德育过程主要包含思想、政治、道德观念等内容，而传统文化的内容涵盖了人的思想意识、知识理论、道德培养等诸多方面，二者在内容上互相联系、互相融通。例如，传统文化中有许多关于"养德"的内容：在家庭中倡导"孝悌"，在职业中提倡"敬业乐群"，在社会中提倡"仁爱之心"，在个人品德上提倡"修

身"等。

（一）能够帮助大学生树立正确的国家观

国家观是人们对国家问题的总的看法和基本观点，新时期的国家观应该顺应时代的发展。从古至今，多少文人墨客都有一种强烈的忧国忧民意识，把国家和民族的利益放在首位，将"以天下为己任"作为自己最崇高的道德标准。从孔子的"诗可以怨"的思想，到范仲淹的"先天下之忧而忧，后天下之乐而乐"的爱国情怀，再到顾炎武的"天下兴亡，匹夫有责"的呐喊，这些无不反映出古人的忧患意识和爱国精神。培养大学生正确的国家观的内核是让大学生深入领会爱国主义思想，树立大学生对国家的理性、积极、正确、全面的观念，它是增强国家凝聚力的重要精神保障，为国家长久发展指引航向。

可以说，儒家所提倡的"修身、齐家、治国、平天下"的价值理念，体现了中华民族先人们的爱国和忧民的思想，作为古人经久不衰的精神追求而传承不息，这些国家至上和爱国精神已经深入到中华儿女的思想和灵魂之中。这种国家至上的爱国精神和忧民的思想意识，对于当代大学生塑造人生理想、责任使命有着重要的意义，通过传统文化的熏陶，必然能够让大学生们为中华民族的伟大复兴而加倍努力奋斗。

（二）能够帮助大学生明礼仪

礼仪文明作为中华传统文化的一个重要组成部分，对中国社会的历史发展产生了广泛深远的影响。中华传统文化中，礼仪规范不仅被视为做人的根本，也被视为建功立业的根基。《左传》说："礼以行义，义以生利，利以平民，政之大节也。"孔子说："不学礼，无以立。"

礼仪文化建设，在国内外的公共关系、国际事务往来、日常商务活动、人与人的自然交往等很多方面都起着非常重要的作用。随着中国经济的迅速发展，我国物质文明和精神文明的差距逐渐增大，在物质文明高度发展、精神文明相对落后的今天，社会风气存在着不少的问题。一些领域和一些地方道德失范，是非、善恶、美丑界定混乱，拜金主义、享乐主义、极端个人主义有所滋长，见利忘义、损公肥私行为时有发生，不讲信用、欺骗欺诈成为社会公害，以权谋私、腐化堕落现象依然存在。礼仪文化建设是以德治国、端正社会风气的必不可少的行为规范。

中华礼仪文化以其平和、中正的特征对人们产生了深远的影响。但是任何一个民族的文化都不可能是一成不变的，而应该与时俱进，弃其糟粕，取其精华。优秀文化的因子往往历久弥新，长久地存活在历史的长河中，持续地影响着民族的精神和面貌。例如，在历史的长河中，出现了诸如孔子、老子、孟子，以及苏格拉底、柏拉图、释迦牟尼等哲人和他们光耀千古的经典。几千年来，他们始终伴随着历史的进程，人们几乎处处可以感觉到他们的存在。即使在科技高度发达的今天，人们还每每要回到那个时代去寻找智慧，对孔子诸家倡导的礼乐文化，人们也应该作如是观。

综上所述，中国传统的礼仪文明，是宝贵的思想资源，可以为大学生提供重要的借鉴。

（三）能够帮助大学生懂仁爱

"仁"是儒家学说最为核心的关键词，有人称其为儒家学说的基石。儒家经典《论语》当中,"仁"字就出现了百余次。

儒家的仁爱观念是中华传统仁爱观念的主流,这种仁爱观要由近及远,由亲向疏,最后做到爱天地万物。"亲亲而仁民,仁民而爱物",最终达至"仁者以天地万物为一体"的境界。

"仁爱"的第一层含义是爱自己的亲人,这是人伦之本,是人的最基本的情感,孔子说:"君子务本,本立而道生。孝弟也者,其为仁之本与。""仁爱"的第二层含义是要爱陌生人,即"泛爱众而亲仁",这是爱的扩展,也是仁的较高的境界。"仁爱"的第三层含义,是要爱天地万物,这是仁的最高境界。《道德经》说:"天地不仁,以万物为刍狗",说明了天地对自己所生的万物一视同仁,没有厚此薄彼、有所偏爱,只有因禀赋的不同而赋予其各自最适当的使命,因此各人做好自己的本分即顺承天心。

中华优秀传统文化中的"仁爱",既是人的基本素质,也是传统文化对人的最普通的要求。"仁爱"的内涵与社会主义核心价值观中的诚信、友善相一致,不仅是公民必须恪守的基本道德准则,也是评价公民道德行为选择的基本价值标准。

总之,"仁爱"思想是中华优秀传统文化的重要组成部分。培养大学生的"仁爱"思想,努力构建适于大学生学习成长的大环境,对于人才的培养有着至关重要的作用,应引起广大思想政治教育工作者的深入思考。通过对大学生进行"仁爱"教育,让大学生爱自己、爱亲人、爱他人、爱世间的万物。对他人的爱,是一种博爱,是对弱势群体的体恤,是对世人各行各业的人的感恩,是对领导的理解,是对大自然的感念。归根结底,"仁爱"的精髓是一种崇高的责任:对自己负责、对家庭负责、对社会负责。将"仁爱"思想融入思想政治教育的课程体系,能够更好地培养大学生的社会责任感,使其肩负理想信念，为中华民族的伟大复兴而奋斗。

（四）能够帮助大学生守孝道

孝道作为中华传统文化之根，已传承了几千年，孝道文化在中国发展过程中的作用更是多方面的。儒家经典《孝经》的诞生，不仅标志着孝道、孝行、孝治理论系统化的形成，同时也开始将孝道思想从"仁孝"体系中逐步抽离，强调人们不仅要重孝道，而且不要忽视最重要的人道基础。"百善孝为先"，孝被看作"百行之先""为仁之本"，它已经深深地根植于人们的心里，被人们所接受。

孔子认为，人对父母应该敬养，主张对父母和长辈一定要非常恭敬，提出"色难"的观念，强调为人子女，不仅要用物质奉养父母，还要在精神上敬爱父母。"今之孝者，是谓能养。至于犬马，皆能有养；不敬，何以别乎？"（《论语·为政》）人类是高等动物，具有社会性，让父母吃饱穿暖、提供安全保障是孝最基本的要求；尊重父母，让他们精神上快乐是孝的根本。孔子认为，对父母只是提供物质上的需要而没有敬爱就如同饲养犬马。父母不仅养育子女成长，而且还倾注所有的爱心，培养子女，爱护子女。反过来，子女要懂得感恩。"滴水之恩当涌泉相报"，何况父母的爱深似大海。这是一个正直与善良的人应该做到的，也是儒学塑造人品格的一个方面。

从个体来讲，孝道是修身养性的基础。通过践行孝道，每个人的道德可以完善。否则，就会失去做人最起码的德行。因此，儒家历来以修身为基础。在今天，倡导孝道并以此作为培育下一代道德修养的重要内容仍然有着重要的现实意义。从家庭来说，实行孝道可以长幼有序，规范人伦秩序，促进家庭和睦。家庭是社会的细胞，家庭稳定则社会稳定，家庭不稳定则社会不稳定。故此，儒家非常重视家庭的作用，强调用孝道规范家庭。在新时代，强调子女尊敬和赡养父母具有同样重要的作用。

孝道的思想是人修养最基础的方面，在社会中大力提倡孝道，是社会发展的要求，也是调节家庭伦理关系的要求，提倡孝道对社会稳定和经济的发展起到了积极的作用。

通过对大学生进行孝道的教育，让大学生深刻理解孝道的基本含义便是对父母的孝道，"孝者，德之本也，教之所由生也"。大学生的善行应建立在孝敬父母的前提之下，对父母的孝道是我们每一个炎黄子孙所应具备的品行。无论身处何地，都应该将父母放在首位，即我们的生活甚至事业都应该以孝敬父母为前提。

通过对大学生进行孝道的教育，让大学生深刻理解对国家的孝道。先有国后有家，国家的利益高于一切，把国家的利益放在第一位是我们每个中国人所应具有的操守。无论身在何处，我们时刻都应想着为国争光，以国家利益为重，在国家利益和个人利益发生冲突的时候，首先要考虑国家的利益，不以一己私利而损害国家的利益，竭尽自己的所能去爱护国家，维护国家的尊严。在国家面对一些困难时，我们应该尽一个中国人的义务，为国家排忧解难，忠诚于自己的国家。

加强对大学生的孝道文化教育，可以树立大学生正确的人生观和价值观，能够使大学生更加理解父母的艰辛和国家发展的艰辛，从而更加遵守孝道。孝道文化教育还可以帮助大学生养成良好的行为习惯，为大学生将来更好地融入社会以及报效祖国，做好充分的准备。

（五）能够帮助大学生明明德

中华优秀传统文化特别是儒家文化，特别重视人的道德修养和道德境界的提升，这是成人之道，也是一个人成为君子和圣人之道，这个道就叫大学。《大学》里深刻说明了一个人成为君子和圣人之道，强调大学之道，在明明德，在亲民，在止于至善，这三句话是《大学》的三大纲领，是不可分割的一个整体，也是我们做人和进行道德修炼的三种理想的境界。

大学之道，在明明德：真正的大学问就是成人之道和做人之道，这是一个君子和圣贤的起码标准，做人之道的第一步是要弘扬光明本善的心性，通俗地说就是要让人性善的那一部分像熊熊大火一样燃烧起来，充分发扬自己的天性。儒家学说的主流思想是承认人性是善的观点的，所以说，做人之道的第一步就是要保存和发扬人性善的光明的因子，沿着性善走下去。在人生的每一个选择的考验之中，我们都要坚守人性善的本性，让道德的力量来主持和统治我们的心灵。

"明明德"的道德追求，都落实到最后一句话上，即止于至善，就是要达到善的最高境界，这是"明明德"的最终目的。性本善，每个大学生都有善良的一面，这是人性中最原始、最纯净的一面，经过"明明德"使大学生达到善的最高境界，这正是大学的教育目的。

作为国家的栋梁，大学生应该努力学习，提高自己的道德修养，脚踏实地，做好份内之事，这是"明明德"之题中应有之意。《中庸》曰："君子之道，辟如行远必自迩，辟如登高必自卑。""明德"既"明"，则其所发的愿便被完满地接受，进而变成大学生的担当意识，大学生便会自觉地履行担当义务。

对于现代大学而言，"明明德"是大学生命的本体，是思想道德遵循的目标，也是大学生命发展的逻辑起点，"明明德"意味着要

"明确大学的思想和学术特质,以培养大学生的综合素质为根本";对大学生道德人格培养来说,"明明德"是要秉持提高人的内在修养和道德品质的核心价值理念。我们需要秉承"明德入道"的道德法则,重振"大学之道",着重培养高校大学生高尚的道德修养和理想的人格品质。

(六)能够帮助大学生知感恩

感恩是一种为人处世的基本态度,是一个人在社会交往中对给予自己帮助的人的一种回馈心理,是大学生学习和生活中应有的智慧,大学生要学会感恩,要用感恩之心对待生活中的人和事,这样才会有一个积极的人生观,才会有一种健康的心态。

中华优秀传统文化中有很多有关感恩的词句。《三国志·吴志·骆统传》中提到:"飨赐之日,可人人别进,问其燥湿,加以密意,诱谕使言,察其志趣,令皆感恩戴义,怀欲报之心。"唐代陈润在《阙题》中写道:"丈夫不感恩,感恩宁有泪。心头感恩血,一滴染天地。"

学会感恩,要学会敬畏自然、珍视生命。中华优秀传统文化追求人与自然和谐共生,凸显出一种虚怀若谷的胸怀以及尊重自然、无愧天地的高度责任感和使命感。感恩自然,要求人们在观念上重视,在行动上有智慧,促使人们不断探索如何最大限度地发挥主观能动性去与自然和谐共生。而感恩意识的缺失,则会造成为满足私欲而违背自然规律,打破人与自然平衡相处的行为现象。古人言"达则兼善天下",正是强调对社会的反哺和责任。感恩教育培育的一个重要渠道和载体就是培养学生的社会责任感和历史使命感。一个没有责任感和不懂感恩的人,很难想象其会对社会有感恩之心,能对社会有大的贡献。

大学生不仅要对父母存有感恩之心，还要学会尊师敬师，对老师怀有感恩之心。学会感恩，还要学会考虑他人的感受，同情和关爱他人。通过感恩教育让大学生懂得尊敬别人，帮助大学生勇于承担起自己的责任，牢记自己的使命，为天地立心，为生民立命。

三、中华优秀传统文化为大学生提供了丰富的德育方法

优秀传统文化不仅拥有丰富的德育内容，也拥有科学而有效的大学生德育教育方法，在中华传统文化发展的历史当中，就有诸多像孔子、孟子等非常优秀的教育家、思想家和哲学家提出了道德教育的观点，并具有特有的教育方法，而且在不同年代中发挥了特有的教育作用。这些教育观点和教育方法是高校德育建设的理论基础。

大学德育的教育方法大致可分为两大类，即大学生的自我教育和教育者对大学生进行的教育。传统文化中有关自我教育的方法有很多，如"克己""自律""反省内求"等；教育者进行教育的方法也有很多，如言传身教、疏导教育、环境熏陶、因材施教等。朱熹提出："孔子教人，各因其材。"这些教育方式和方法给大学的德育教育提供了很好的借鉴。

因此，在高校大学生德育建设过程中必须充分运用和发挥优秀传统文化的价值，将优秀传统文化的思想和内涵融入德育建设，既是大学生成长成才的必然需求，也是改进和创新高校德育建设的必然选择，更是适应时代和社会发展的必然趋势。

第二章 高校中华优秀传统文化教育存在的问题及原因

大学作为独特的文化机构，其教化功能在于促使大学生自觉地通过掌握科学知识来服务社会。科学技术促进了社会的发展，但科学技术本身不是社会生活的全部。人们需要凭借智慧去理解知识，以一种符合道德和伦理的方式来科学地驾驭知识，从而更好地为社会健康发展服务。中国是文明古国，历史上诞生了孔子、孟子、老子、庄子等思想大家，他们的思想被广泛传承，所以中国有得天独厚的条件来承担人类教化的使命。20世纪90年代，英国的汉学研究家李约瑟曾在《中国科学技术史》中指出，中华传统文化必将在全球范围内复兴，因为这种文化能够普利天下，能够让普通民众人人心存仁义，能够让家家户户都过上幸福祥和的生活。幸福生活的内涵就是让人们充满仁爱之心，按照一定的道德规范处世，以本性本善的原则来待人接物，在广泛传播仁爱思想的同时，开创政治的清明。我国高校承担着教书和育人的双重使命，正确了解我国高校优秀传统文化教育的现状，分析我国高校优秀传统文化教育的问题及原因是有针对性地完善高校优秀传统文化教育制度的前提，对于发挥优秀传统文化在高校德育中的作用具有重大的时代意义和战略价值。

第一节　高校中华优秀传统文化教育存在的主要问题

　　中华优秀传统文化是中华民族几千年来最宝贵的文化遗产，是一直流淌在中华儿女血脉中的精神源泉,大学生作为社会上受教育程度较高的群体,理应站在时代的、民族的、历史的高度来继承和发扬中华优秀传统文化。然而在实践中,我国高校中华优秀传统文化教育还存在着诸多问题。

一、高校中华优秀传统文化教育落地不尽人意

我国高校中华优秀传统文化教育效果不尽人意的问题,突出表现在意识和实践两个方面。

(一)意识欠缺,对中华优秀传统文化教育重视不足

在高校中华优秀传统文化教育中,普遍存在着领导不够重视的问题。有的领导认为,传统文化是封建社会诞生的产物,糟粕太多,必须摒弃。有这种认识的领导,根本就不可能将传统文化纳入教育计划,也不会将传统文化提到应有的高度进行建设。还有的高校领导认为,传统文化习俗在节日文化中已经体现,搞搞活动就可以了。这种应付心理,也很难把高校传统文化教育落到实处。也有的高校领导比较重视优秀传统文化教育,也曾积极创设了一些特色鲜明的教育基地,但是存在着基地建设等同于优秀传统文化教育的误区,觉得"挂上牌子"就万事大吉了。这种只做表面文章、只搞面子工程的行为,也不可能从根本上对大学生进行深入的、系统的、常态化的、创新性的优秀传统文化教育。

"师者,所以传道受业解惑也",高校教师不仅承担着对学生知识的传授和专业技能的培养的工作,也承担着文化的传承工作。高校教师首先应该对学生进行人生观、世界观和价值观的培养。高校

教师应通过以身作则的示范引领,在潜移默化中影响并指导大学生树立起高尚的思想道德品质和良好的规范行为。然而在高校,普遍存在着教师不重视优秀传统文化教育的现象。一是在现实生活中,人们更多地关注专业知识和技能的掌握,虽然高校教师越来越意识到大学生存在的思想和心理问题,但是教育教学中依然存在着方法简单、深入程度不到位的问题。二是一些教师认为,传统文化课程领导都不重视,教育资金也不能及时到位,自己没必要操太多的心。三是不少讲授该类课程的教师觉得,这类课程太费工夫,且不能给自己的职称"贴金"。有这种态度的教师,怎么会对传统文化进行深入的研究？怎么能将优秀传统文化的精妙之处,旁征博引、生动形象地精彩讲授呢？四是社会上还存在着"传统文化只要读,就能明白,不需要老师讲解"的误区。诸类粗浅的认识,也误导了教师开展优秀传统文化教育教学的热情。

(二) 机制不健全,教学实践及管理实践中的问题层出不穷

在高校中华优秀传统文化的教学实践方面,其问题主要表现在教育内容、课程设置、教育方式等方面。

1. 教育内容缺乏系统性和整体性

通过课堂主渠道来进行中华优秀传统文化的学习,已经得到越来越多人的认可。但是目前,一方面,高校中华传统文化教育各学科各自为政,没有形成健全的学科体系；另一方面又缺乏系统的专业教材,存在教育内容随机性、碎片化的问题。例如,有的教师在传统文化教学中,自己编写讲稿,对经典原著进行改编,而忽视了让学生直接阅读经典原著,因此导致传统文化教育内容偏离优秀传统文化的基本精神。

2. 课程设置不合理

目前，各高校优秀传统文化教育的课程设置以选修课为主，且不同课程之间缺乏统筹安排，各自为政现象严重。不少课程内外无法衔接，存在课程门类孤立化的现象，教学效果大打折扣，难以达到预期目标。此外，由于师资力量欠缺，课程体系的编排缺乏统一的技术规范和具体的技术支撑，所编写的教材视域不宽、不广、不深，精品课程很难形成。

3. 教育方式比较单一

一提起传统文化，人们的脑海里很容易就呈现出摇头晃脑、文弱穷酸、满口"之乎者也"的老夫子形象。现在不少学校依然存在着教师口若悬河讲、学生心不在焉听的乏味授课模式，学生厌学逃课也就不难理解了。有的高校在入学教育时进行《三字经》《弟子规》等内容的学习，开展诵读名言警句、知识竞赛等活动，可好多学生在考试之后就把这些东西搁一边、忘光了，根本不能够举一反三、融会贯通地落实到日常生活中。学生听、说、读、写、悟、展、演、行是有机统一的整体，如果缺少了对传统文化知识"行"的环节，学生的学习就会变得机械被动，鹦鹉学舌似的读上一万遍，也不能变成自己的真才实学。不少大学生被背诵多少万字吓到了，根本不愿意迈入优秀传统文化学习之门，更别说享受其中真正的精妙和乐趣了。

现在高校优秀传统文化教育方式存在一些问题，在进行优秀传统文化教育时，教师只注重讲解，不注重大学生诵读。事实上，诵读是几千年就流传下来的、被实践反复证明的并且很有效的传统文化教育方法，经典名篇非常适合诵读，现在的大学生传统文化教育中普遍轻视经典诵读，这种诵读严重不足的问题，亟须加以改变。

二、大学生对优秀传统文化知之甚少

现在的很多大学生对中华优秀传统文化知识缺乏整体认识。在给大学生上传统文化课时,当问大学生"什么是传统文化?"时,不到10%的大学生只能说出个大概,多数同学说不清楚;当问道"您知道中华优秀传统文化包含哪些方面吗?"时,只有不到5%的大学生可以比较准确地说出,近50%的大学生了解部分内容,近20%的大学生不知道中华优秀传统文化包含哪些方面的内容。

曾有报道称,外国朋友问我国留学生有关《诗经》《孙子兵法》《尚书》《黄帝内经》等的相关知识,令人无语的是,我们诸多留学生却一问三不知。留学生的尴尬其实也是中国所有学生的尴尬,从幼儿园到大学,我们几乎没有给学生们系统地讲授中华上下五千年的文化知识体系、思想哲学体系。

笔者曾对十几个班的大学生做过一次问卷调查:当问道"下面中华传统文化的著作阅读过哪些?"时,近50%的大学生只读过其中的一本,不到10%的大学生读过四本以上;近80%的大学生读过《论语》,20%的人读过《孟子》,不到20%的人读过《大学》,仅有5%的大学生读过《中庸》;更有15%以上的大学生表示所列出来的书目一本都没读过。四大名著是中国文学史中的著名经典,是中华优秀传统文化的宝贵财富,有着极高的文学价值和人文价值,据调查显示,只有20%多的大学生四本书有选择地读过。在平时选择的书目方面,近50%的大学生选择考证、考研等专业书籍,近30%的大学生选择小说杂志类书籍,只有20%左右的大学生选择文学历史类书籍,大部分学生对传统文化的兴趣较低。大多数学生认为传统文化类的书籍和知识在网上一查就有，没必要死记硬背；做作业或写论文所需要的史料书籍，在需要的时候再去图书馆查询借阅也不晚；即使买传统文化之类的书，也大多不是原版经典，而是风趣幽默的"戏说"。

一些大学生虽然读了一些传统文化的书籍，但只是死记硬背，根本不理解其中的内涵，学生们耳熟能详的多是对精神世界指导不多的知识碎片，对其内容缺乏系统的感悟和学习，对经典里的深刻思想领会不全面。好多所谓的"神童"只是将优秀传统文化经典背下来，既缺乏独立思考精神，也缺乏辩证思想意识和创新思维能力。

第二节　高校中华优秀传统文化教育存在问题的原因分析

一、学校层面

自党的十八大以来，高校中华优秀传统文化课程进校园工作已经全面铺开，取得了不小的成绩，但是在教学目的、教学内容、教学评价、教学过程等方面还存在许多问题，暴露出高校对该课程建设重视不足的问题。

从教学目的角度来看，中华优秀传统文化课程在高校阶段的开设是让大学生了解和培养文化的自信和自豪感。本科阶段中华优秀传统文化课程教学目的的实现，不仅需要了解中华传统文化的基本现象，还要对其内容、应用以及大学生的思想现状进行深入的研究。现在一些高校对优秀传统文化教育在大学生思想教育中的作用和意义估计不足，没有认清优秀传统文化在大学生思想道德教育方面的重要价值，更没有认清优秀传统文化教育对高校思想政治教育的巨大意义，只将其简单地看作一门普通的课程，并未给予其更多额外的关注。还有一些高校受到急功近利思想的影响，在培养学生方面更多地注重出成果快、效果显著的学科，或是社会短缺学科，注重对学生专业素质的培养，因此一些高校的教育与就业率紧紧地挂钩，导致学校花大力气去开设更容易就业的专业，而忽视了对大学生进行中华优秀传统文化教育，忽视了对学生思想素质方面这种不能量化、对就业率短期内帮助不大的学科的扶持和帮助。还有一些理工类院校存在着重理轻文的倾向，理工类院校将重点放在了能够培养技术型人才的学科建设和重要专业素质的培养上，不同程度地忽视了人文社科类学科的建设，但这是一个长期发展积累的结果，难以在短期内改变，有些院校试图扭转这种局面，但效果不是很明显。

从教学内容角度来看，中华优秀传统文化博大精深、包罗万象，几千年来积累下来的文化内容如同星辰般浩瀚，如此众多的内容从哪方面入手、如何取舍、如何展现，是一个令人伤脑筋的大问题。从现有情况来看，现有高校的教学内容随意性大，可选择的内容、角度、种类大多不尽人意。目前，高校优秀传统文化教育没有从思想的角度对中华传统文化的地理文化背景、儒释道、诸子百家进行总结和归纳，找出其基本思想；没有从物质文化角度入手，对古人衣食住行、琴棋书画礼仪等进行研究，找出其基本规律；没有从民俗民风角度入手，对地域风情、人物故事进行编排，找出其基本民风；没有从文化引领角度入手，对人物传记、奇闻轶事进行细编，找出其基本精神；没有从艺术形式角度入手，对工艺制作、产品进行展示等，找出其基本文化内涵……

从教学评价角度来看，鉴于教学目的和教学内容的不统一，优秀传统文化教学评价也受到了影响。目前能结合实际情况进行批判性思维的评价不多，大多以正面的肯定赞美为主。因为还没有批判性思维的权威性评价标准，所以教学评价一致性操作难以进行。优秀传统文化课程教学过程中，如果学术性太强、太严肃，学生大多不感兴趣，喜闻乐见的"戏说"虽然可以激发学生的兴趣，可是教学目标的实效又会大打折扣。

从教学过程角度来看，很多人都把优秀传统文化课程当成是一种休闲娱乐性质的课程，课堂纪律、课堂组织、课程考核等方面都有应付之嫌。再者该学科与其他专业课程不易融合衔接，大学生修完学分之后，往往就束之高阁了。

二、教师层面

中华优秀传统文化课程的专业化教师队伍良莠不齐，很多教师并非国学专业出身，且教师培训、进修、再成长力度不够。

部分教师缺乏传统文化思想融入学生学习和生活的意识。在高校的课堂上对大学生进行优秀传统文化教育是每个教育工作者的职责和义务，一些教师认为对大学生进行优秀传统文化教育是高校思想政治教育课、党务工作者和辅导员的责任，和自己没有多少关系，没有充分地认识到优秀传统文化对于大学生成长成才的意义和价值。在具体的教育实践中，这些教师缺乏将优秀传统文化思想融入学生学习和生活的意识，一些教师简单地认为对大学生进行中华优秀传统文化教育就是在过传统节日时，向圣贤鞠几个躬、简单地背诵几篇传统文化经典、简单举办几项活动就行了，因此忽略了利用自己课堂教学的阵地适时地对大学生进行中华优秀传统文化教育。高校各科教师都要根据自己学科的特点，从历史与现实、继承和发展等多个角度，将中华优秀传统文化的思想融入大学生的学习和生活中，将对大学生进行中华优秀传统文化教育自觉化和常态化。

部分高校教师传统文化素养有待提高。一部分教师把全部的精力用于自己的研究领域和自己所学专业，加深教师自己对自己专业的深度和广度的学习和理解是无可厚非的，但他们接触到的优秀传统文化知识较少，传统文化底蕴不足，对优秀传统文化知识的了解比较浅显，只是停留在表面。高校教师一定要强化中华优秀传统文化的学习，提高自身传统文化素养，这不仅是教师自身成长的需要，也是培养全面发展的大学生的需要。有的教师虽然能够在教学中适时地对大学生进行优秀传统文化教育，但在把学科教学融入优秀传统文化教育的过程中，由于教师本身对中华优秀传统文化内容的思想和方法理解得不深、不透、不精，因此对大学生开展的优秀传统文化教育不能入情、入理、入脑、入心，难以收到应有的效果。

三、大学生层面

高校优秀传统文化教育存在问题的大学生层面的原因，主要体现在如下三方面：一是大学生对优秀传统文化的意义认识不足，二是大学生缺乏远大的理想信念的支撑，三是大学生缺乏优秀传统文化社会实践的积极性。

（一）大学生对优秀传统文化的意义认识不足

日益普及的高等教育已经将整个社会的受教育的水平提高到了

相当高的水平。残酷的市场经济使得人才竞争更加白热化，高学历与高就业、高能力和高收入已不再画等号，只有那些拥有一技之长者、具有真才实学者才能立足社会，得到长远发展。好岗位僧多粥少、择优录用的就业压力，让经过高考激烈竞争暂时脱颖而出的大学生们，从踏进大学校门的那一天起，就有把专业学习放在第一位的意识，"学好数理化、走遍天下都不怕"依然是大学生普遍的认知。每年用人单位到大学招聘，专业成绩名列前茅者享有优先录用权。所以，在现实利益的驱动下，效果不能立竿见影的中华优秀传统文化学习，被大部分大学生当作可有可无的选修，而把提高技能当成努力学习的首要目标。许多大学生认为，传统文化知识的学习耗费时间太多，是油腔滑调"耍嘴皮子"的虚项，不是真刀实枪的看家本事，对将来就业和职场晋升帮助不大。三十而立、四十不惑、五十知天命的传统文化学习，滞后于人生发展速度，需要每天下苦功夫积累，几年、几十年甚至穷其一生也难有建树，更别说出成果了。他们觉得快节奏、高效率的"速成"是时代标志，专业技术学习相对较为直接、实用，能立竿见影。还有不少人觉得学习优秀传统文化是从政者的事儿，自己对从政没兴趣，所以没有必要学习。

（二）大学生缺乏远大的理想信念的支撑

人民有信仰，民族有希望，国家有力量，理想信念是一个民族和一个国家的精神支柱和灵魂，而理想信念的根就是中华民族的文化。个别大学生在生活中没有较高的理想和信念，对国家和社会的未来不太关注，因此产生了生活没有信心、学习没有动力、精神没有支柱的情况。在这种情况下，他们的行为也开始出现偏差，有的大学生为评优选模不惜弄虚作假，为当选学生会干部不择手段，考试作弊成风,上课不爱听课,玩手机、游戏成瘾,平时表现自由散漫、不求上进等,普遍存在着大学生文明素养欠缺、社会责任感淡薄、道德水平低下等问题。出现这些问题的主要根源是大学生缺少理想和信念的支撑,而理想信念之根需要中华优秀传统文化之水来浇灌。

(三) 大学生缺乏优秀传统文化社会实践的积极性

一些大学生对优秀传统文化价值的衡量多从功利性角度来考虑,认为学习传统文化太"虚",一部分大学生对缩短五一假期、增设清明节等传统节日为法定节假日表示反对,他们认为把自己玩的时间缩短了就是不对的。大学生对优秀传统文化的认同是在利益的驱使下考量的,因此,大学生的优秀传统文化社会实践行为就经受不住考验,对优秀传统文化缺乏情感归属与依托,功利性衡量趋势较为显著,显示出大学生对优秀传统文化的实践积极性不高。

一些大学生们不愿意参加中国的传统节日的活动,比如重阳节、中秋节、清明节等重大民族节日,不愿意参加甚至排斥相关的节日活动,忽略了中华传统节日当中所蕴含的文化意义,反而开始崇尚西方节日,他们在各种西方节日中投入了更多的热情。总体来说,当代大学生对传统文化节日的认同度不高,更不要说以实际行动来庆祝、宣扬传统节日。

四、社会环境层面

社会教育是学校教育的有效补充,社会环境直接影响到大学生正确价值的判断,良好的社会环境为个体正确健康的价值观和信仰提供了可能，相反，不好的社会环境也极大地影响着当代大学生信仰的选择内容与活动方式。大学生不可能生活在纯粹的世界里，他们生活在多元化的世界环境当中，在当今社会中，多种经济形式并存的市场经济，多元化经济利益主体共存，多元化思想政治利益共生等内容，必然对大学生的信念和思想行为带来挑战。

（一）市场经济的影响

随着我国社会主义市场经济体制的不断完善和改革开放的不断深入，人民的生活水平得到了极大的提高，社会财富不断增加。但是我们应该看到：市场经济在给人民的生活带来益处的同时，也不可避免地出现了一些负面影响。如拜金主义思想泛滥，功利主义思想严重，越来越多的大学生追求物质利益，把家庭的经济条件作为找对象的首要标准。在社会生活中，一些书院将优秀传统文化教育当作敛财、谋取个人利益的手段；有些传统文化夏令营、冬令营收费高得离谱，一些所谓的名人传统文化报告出场费极高，忽视了中华优秀传统文化的育人功能；部分以传统文化为主题的影视作品、娱乐节目为了吸引观众和提高收视率，以获得较高的经济效益，在制作过程中过度迎合观众的喜好，过度夸大故事情节，不尊重客观历史事实，这些现象都会从思想上误导大学生对优秀传统文化的认识。

（二）西方多元文化的影响

西方国家多元思想文化形态对大学生群体造成了很大的冲击。在经济全球化背景下，世界各国之间的文化交流变得日益密切，多种文化相互交叉，使世界文化呈现出多元化的趋势，在这种形势下，在大学生群体中实施中华优秀传统文化教育是有一定难度的。以金钱和权利为核心的西方价值观念在一定范围内存在，为了所谓的"成功"，有的大学生采取"坑蒙拐骗"的手段，追求享乐。西方多元文化大量杂乱信息的介入也会对大学生选择信息造成影响，大量劣性信息进入他们的视听，如果警惕性不强，大学生的心灵就极易遭受污染。

（三）移动互联网的影响

网络文化在丰富中华优秀传统文化内涵的同时，也在一定程度上对大学生的精神信仰、道德意志、理想价值、情感认知等产生了极大影响。

网络文化和传统文化是互相促进和统一的关系，网络文化既对传统文化产生了一定的不良影响，也在某种程度上推动了传统文化的传播与发展。从表面上看，网络文化主要传播现代思想，传统文化主要代表历史观点，但二者并非一对相互对立的矛盾体。相反，传统文化的形成是一个不断发展、更新自我和与时俱进的过程，网络文化则为传统文化的发展和完善提供了更为广阔的渠道和丰富的内容。

笔者对大学生上网的情况进行了调查：从上网时间上看，平均每天上网时间为2—7小时的人占总人数的60%以上，上网时间不到2小时的不超过10%；从上网目的上看，一些大学生上网是出于娱乐和社交的需要，有些大学生上网是为了学习和了解时事，有的大学生上网是为了网络购物，还有一大部分人上网是为了玩游戏；从了解传统文化的渠道上看，绝大多数的大学生了解优秀传统文化的主要渠道是电视、网络、书籍、报纸等社会宣传途径，有不到30%

的大学生是通过学校教育来学习优秀传统文化的。由此可见,对当代大学生来说,网络或者网络文化和信息的传播确实在优秀传统文化的传播方面起着非常重要的作用。

大学生在使用网络的过程中,大量的网络信息、网络游戏、网络流行语裹挟着功利主义、实用主义、享乐主义思想以及对暴力行为的渲染和色情诱惑等,对他们的精神信仰、道德意志、理想价值、情感认知等都产生了极大的影响。有一些广告为了吸引眼球或推销商品,植入含有名利诱惑的场面;有些涉及欺骗性质的推介活动,也会影响或伤害大学生的心灵;还有不少的影视剧作品、以搞笑搞怪取胜的小品等,以思想的腐朽、行为的怪诞、言语的粗俗、服装的裸露、性格的暴戾,严重地污染着大学生的精神世界。

第三节 高校中华优秀传统文化教育的重要意义

加强中华优秀传统文化教育,是深化中国特色社会主义教育的重要内容,在高校进行中华优秀传统文化教育,对于引导大学生全面准确地认识中华民族的优秀历史,全面了解中华优秀传统文化,实现中华民族伟大复兴的中国梦,具有重大而深远的历史意义。

一、有利于中华优秀传统文化的传承与创新

中华优秀传统文化是中华民族非常珍贵的精神财富,是中华民族不屈不挠、勇于克服一切困难的力量源泉。不忘历史才能更好地发展和开辟未来,善于继承才能更好地创新和回忆过去,对待古老

而富有内涵的优秀传统文化既要传承，更要创新，这样才能充分发挥中华优秀传统文化应有的时代价值。

优秀的传统文化是一个民族的血脉和灵魂。中华优秀的传统文化是中华民族集体智慧的结晶，不仅能够丰富人们的精神世界，开阔人们的视野，提高人们的综合素质，还能极大地促进社会稳定，促进良好社会风气的形成。源远流长的中华传统文化，既是民族团结的纽带，也是增进世界和平的桥梁。传统文化只有和当代社会的政治经济相互融合，和科技发展紧密联系，才能对经济社会发展起到巨大的推动作用。我们要充分挖掘传统文化所蕴含的道德精髓和思想精华，赋予传统文化以崭新的时代内涵和现代表达方式。在当前历史条件下，弘扬和传承中华优秀传统文化是"文化强国"的重要内容，也是民族复兴的重要手段。

继承中华优秀传统文化是文化创新发展的需要，是社会主义初级阶段不断发展的需要，是更好实现伟大的中国梦的需要，也是提高中华民族全民综合素质的需要。弘扬是在继承的基础上进行的，是在实践中自觉贯彻落实并让其在生活中发挥实效的过程。在中华优秀传统文化教育中，要对中华民族优秀传统文化加以补充、拓展、完善，增强其影响力和感召力，让国民真正受益。只有使文化连续性和创造性相统一，中华优秀传统文化才会焕发出蓬勃的生命力。

二、有利于培养大学生以爱国主义为核心的民族精神

在五千多年的发展中，中华民族形成了以爱国主义为核心的团结统一、爱好和平、勤劳勇敢、自强不息的民族精神。爱国主义是一个具有丰富内涵的概念，它是指个人或集体对祖国的一种积极和

支持的态度,是个人所应该具有的公民道德之一,是对祖国和民族的热爱、忠诚和报效的思想、行为有机统一的完整体系,是历史地形成的忠诚和热爱自己祖国的思想和感情。它是人们在人类社会历史进程中形成、发展和巩固起来的一种对自己的祖国忠诚和热爱的深厚情感。

爱国主义是中华民族的优良传统,它同我们伟大的民族一样具有悠久的历史,在不同的历史阶段,爱国主义以各具特色的形式呈现出来,反映了不同的内容和特点,从而形成了中华民族博大精深而又独具特色的优良传统。

从我国古代劳动人民开发、改造山河,创造灿烂的中华文明开始,到中华各族人民同仇敌忾、风雨同舟反抗民族压迫和外来侵略,捍卫国家主权和民族尊严;从反对民族分裂、维护国家统一和民族团结到顺应历史潮流,改革弊政、励精图治,推动社会进步。几千年来,中华民族历史上涌现出了一大批爱国者,创造了辉煌灿烂的物质文明和精神文明。

到了近代,围绕救亡图存的主旋律,爱国主义体现为:反对帝国主义侵略,维护民族独立和国家主权;反对封建压迫,推翻腐朽的封建专制统治;寻求真理、探索救国强国之路。

到了现代,中国共产党领导下的中国人民的爱国主义优良传统表现得最鲜明。中华人民共和国成立后,爱国主义传统在社会主义制度下更是得到了进一步提高和升华。

五千多年的历史表明,中华民族是一个具有悠久爱国主义光荣传统的民族,爱国主义是中华民族精神的核心,同时也是中华传统文化的核心。

中华传统文化中蕴含着大量的爱国故事:屈原的"长太息以掩

涕兮，哀民生之多艰"，司马迁的"常思奋不顾身，以殉国家之急"，范仲淹的"先天下之忧而忧，后天下之乐而乐"，文天祥的"人生自古谁无死，留取丹心照汗青"，顾炎武的"天下兴亡、匹夫有责"，岳飞的精忠报国等。这些内容丰富、可歌可泣的历史形象，是爱国主义精神的集中展示。大学生在了解学习中掌握了爱国主义的精神核心，就能够激发出爱国的热情，就能自觉地升起民族自豪感。只有懂得担负民族责任，才会在今天如此优越的学习生活条件下，自觉地为中华民族发展、富强，贡献自己的力量，将爱国主义精神代代相传下去。

党和国家对青少年的爱国主义教育给予了高度重视。中共中央、国务院在《关于进一步加强和改进大学生思想政治教育的意见》中明确提出：加强和改进大学生思想政治教育的主要任务之一就是要"以爱国主义教育为重点，深入进行弘扬和培育民族精神教育"。习近平总书记也在多次重要讲话中论述爱国主义精神的重要意义，总书记指出，爱国主义是中华民族精神的核心。爱国主义精神深深根植于中华民族心中，是中华民族的精神基因，维系着华夏大地上各个民族的团结统一，激励着一代又一代中华儿女为祖国的发展繁荣不懈奋斗。

大学生作为"天之骄子"，是青年中具有较高知识素养的特殊群体，是未来社会的潜在管理者和建设者。他们接受爱国主义教育是理所应当的，但是爱国主义是一个时代范畴，它会随着时代的发展进步而不断丰富和创新。当代大学生爱国主义精神的培养，应该反映当代的时代特色，既要立足国情，又要有国际视野。但不管怎样弘扬爱国主义精神，都不能离开传统文化这根主线。

习近平总书记在中共中央政治局第二十九次集体学习的讲话中

指出："弘扬爱国主义精神，必须尊重和传承中华民族历史和文化。对祖国悠久历史、深厚文化的理解和接受，是人们爱国主义情感培育和发展的重要条件。"

由此可见，学习优秀传统文化是培养爱国主义精神的前提和基础，可以增强学生的民族自豪感，提升学生的民族自信心。所以，在高校进行优秀传统文化教育在某种程度上就是在培养学生的爱国情怀。

三、有利于拓宽大学生的学习视野

"百年大计，教育为本"，一直以来，国家都非常重视教育。尤其在当代，随着科教兴国观念的逐渐普及，以及国家对教育投入力度的不断加大，教育越来越受到广大民众的重视。我国高等教育近年来的发展现状也呈现出规模不断加大、高校普遍扩招、大众化趋势；而大学中的专业设置也越来越多样化，根据国家当前需要增设或减少相应的学科设置以满足国家对人才的需求，一系列的改革使得大学越来越专业化，每个专业各有所长，各显其能。而跨专业的学习一般多见于大学语文、大学英语等课程，这就使得高校培养的专业人才缺乏更广阔的视野，正如俗语所说"隔行如隔山"，每个人都专长于自己的专业，而对其他的文化知识则知之甚少，这是每一个教育者都应该深思的一个问题。

中华优秀传统文化源远流长，历经五千年的丰富和发展，不断地创新和进步，呈现出多样化的精彩内容。传统文化包罗万象，涉及人类生活的方方面面，思想方面有儒释道三大家，更有诸子百家的繁荣；科技方面有四大发明，更有涉及天文、地理、水利、交通等各个领域的建树；医学方面有神医华佗、医圣张仲景、孙思邈、李时珍等人的贡献；艺术方面也是丰富多彩，风采各异的地方戏曲、京剧等，绝伦绝美的绘画技艺，精湛的雕刻艺术等；更有浩如烟海的各种经典书籍流传于后世，让我们能够有途径去学习中华优秀传统文化。

通过对中华优秀传统文化的学习，大学生不再囿于自己的专业，不再局限于目前的思想。推开传统文化这扇门，就像打开了万花筒一样，一个崭新的世界就会扑面而来，多姿多彩，内容丰富，大学生就会随之打开思路，能够联想古今，从而立足实际，追求求实创新，获得不断进取。中华优秀传统文化最主要的特点是它鲜明的人文精神，具体表现为注重人生伦理价值与艺术品位，注重自我修养与精神生活，表现在哲学、史学、教育、文学、科学、艺术等各个领域，乐以成道，追求人的完善，追求人的理想，追求人与自然的和谐，表现了鲜明的重人文、重人伦的特色。

高校通过正确引导大学生接触、了解中华优秀传统文化，从而拓宽大学生的学习视野，这对于扩展他们的知识面、培育高尚的道德情操、提升审美情趣都有着重要的作用。

培根植魂，关键是造就一个人的灵魂。大学思想政治教育是高校教育的重要内容，关注的是人本身的精神需求。在高校开展思想政治教育应根植于中华优秀传统文化的土壤。在高校开展思想政治教育的目的在于引导大学生形成正确的人生观，寻找人生的价值和意义，还在于培养符合时代发展需求的人才。因此，中华优秀传统文化融入大学生思想政治教育势在必行，一方面它丰富了思想政治教育的内容；另一方面，它拓展了当代大学生思想政治教育的渠道。

四、有利于培养大学生学术自由和独立精神

独立自主的精神，自由深邃的思想，不仅是当代中国知识分子共同追求的学术精神与价值取向，也是以后的中国人民的人生理想。在传统文化中，儒家主张用礼规范个人的行为，认为"不学礼，无以立"，追求"从心所欲不逾矩"，所讲的自由是相对的自由，是有限制的自由；道家有其独立的对自由精神的理解，强调既有对精神自由的不懈追求，也有对生命自由的终极探寻；佛家从生命的意义、个人与宇宙关系的角度来阐述自由和独立的精神，重在弘扬生命的主体性，强调自由和独立不能为了自己的自由和独立而妨碍他人的自由和独立等。

传统文化所讲的自由是有限制的自由，孔子说："吾十有五而志于学，三十而立，四十而不惑，五十而知天命，六十而耳顺，七十而从心所欲不逾矩。"（《论语·为政》）人到七十，能够"从心所欲"，当然是达到自由的境界了，但还必须"不逾矩"，即遵守道德准则和社会法则。

现在的高校教育缺乏对人格的塑造，或者由于教育者的局限性，不知道要把受教育者塑造成一种怎样的人格。人格独立与学术自由乃大学之灵魂，一个人如果没有独立的意识和思想，人云亦云，随波逐流，久而久之便没有了自我，就不会得到很好的发展，国家也不能兴旺发达，这是一件很可怕的事情。传统文化中"穷则独善其身，达则兼济天下"的儒家精神情怀，是一种值得拥有的完美人生境界。

现在的大学生在人格独立和思想独立方面的表现体现在如下几

个方面。一是在大学就读期间,个人想法多但是无经验,容易被别人牵着鼻子走,对学习和生活经验的处理很难把握分寸,往往照搬经验,学长学姐的思想先入为主;二是部分大学生在人际交往上没有自己的主见,容易感情用事,容易对同学的评价主观化,不通过亲身接触就对同学妄下结论,因此产生矛盾和冲突;三是一些大学生对大学生活的定义过于狭隘,对大学生活缺乏规划,对自我缺乏要求,存在得过且过现象,有的大学生课余时间窝在宿舍,不积极参加班级活动,推一下动一下,对自己零要求,渐渐地在班上被"边缘化",不仅荒废了自己的学业,和班级同学的友情也逐渐淡薄,大学生活的质量也明显不合格。

通过在高校进行优秀传统文化教育,有利于培养大学生独立思考问题的能力,有利于大学生拥有独立践行的人格魅力,有利于大学生有自己的正确思想,不轻易被他人思想所左右;通过学习传统文化,能够帮助大学生比较客观、清晰地对自己进行评价,及时自省。

五、有利于培养大学生良好的人文道德精神

人类文化是人文精神形成的基础,人文精神不仅体现为对人的尊严、价值、命运的自我关怀,同时还体现在以塑造理想人格、促进全面发展等为价值目标的人类价值。它是人类社会和谐发展的逻辑起点,也是个体科学素养的终极追求。人文精神是人们对人生价值与生命意义的内在观照,也是关于"人应当如何生活""人之为人的价值标准"等人生命题的自我意识。

国无德不兴,人无德不立。中华优秀传统文化育人的最终目标

就是提高大学生的人文精神,帮助大学生学会为人处世之道,成为"正能量"的继承者与传播者。

在当前高等教育逐渐市场化、大众化的背景之下,许多高校普遍存在着人文教育滞后、人文精神缺失的问题:学校忙于扩大规模、追求效益,教师们则忙着求待遇、评职称、搞科研,学生们则是忙于各种考证、拿文凭、找工作,导致人文课程、人文教育不被高校重视。

"边缘化""形式化"等问题使得人文教育的作用不能很好地发挥。高校普遍存在着重理工轻社科、重知识轻能力等不良倾向。在课程设置上,偏重科学教育,文科课程常处于被边缘化的位置,许多高校的人文学科和专业课程相互割裂,无法实现跨学科教学,致使学生无法获得人文精神的滋养。在科研项目资助以及人事待遇上,重理轻文的现象直接影响了高校人文教育的发展,也导致高校人文精神缺失、人文价值衰落的现实。

高校人文教育是以培养健全人格、高尚情操、崇高理想等为教育目标的教育形式。但许多高校的人文教育仅仅停留于传授文、史、哲等人文知识层面,无法上升到生命对话、人生感悟等"体道""悟道"的人文精神层面。有些高校增加了文、史、哲等人文选修课程和必修课程,建立了各种社团文化组织,开展了多种文体活动,但往往流于形式,不能很好地培养学生的人文精神。

当今社会上流行的诸如拜金主义、实用主义、享乐主义、极端个人主义、功利主义等不良风气也在不同程度地摧残着青年大学生的身心健康,影响着大学生身心的发展。这时候就需要发挥优秀传统文化的巨大作用来提高学生的人文素养,学校要将人文精神教育长期融入专业教育之中,纳入学科教学的各个环节。用"己所不欲勿施于人""达则兼济天下"的仁爱精神、"富贵不能淫,贫贱不能移,威武不能屈""双睛不染金银气,才是英雄一辈人"的人格精神、"乐民之乐者,民亦乐其乐""先天下之忧而忧,后天下之乐而乐"的民本精神、"人生自古谁无死,留取丹心照汗青""万家忧乐总关心"的爱国精神等教育和引导学生,培养学生的爱国情操、责任意识和奉献精神,提高学生的综合素质,加强学生的道德意识,提升学生的人文精神。

六、有利于培养大学生健全的人格

塑造健康的人格是大学生优秀传统文化教育的重要内容,它体现了对大学生自身的认知和开发。当前高校的思想教育工作,通常只注重培养大学生的思想道德素质、科学文化素质、能力素质和身体素质,而对大学生心理素质的培养还不尽人意,特别是对其健全人格的塑造举措乏力,以至于出现个别大学生自律性差、多疑、偏执、冷漠等不健康的人格心理。

大学生健全的人格标准内容为爱心、忍耐、宽容、乐观、平和、谦虚、守信、责任感、自省等。也就是说,具有和谐的人际关系、良好的社会适应能力、乐观向上的生活态度、正确的自我意识、良好的情绪调控能力和创造能力的大学生,才是真正拥有健全人格的大学生。

大学生常见的心理问题表现在四个方面。在学习方面,表现为不知道为什么学习、学习没有动力、学习方法不当、学习成绩较差等。在人际关系方面,表现为不知道如何与周围的同学友好相处,不知如何与同学建立和谐的人际关系。大学生人际关系问题及其程度超过了学习方面的问题,这是困扰大学生的主要心理因素,表现在难以和别人愉快相处,没有知心朋友,缺乏必要的交往技巧,过分委曲求全,以及由此而引起的孤单、苦闷、缺少支持和关爱产生的痛苦感受等。大学生处于青年中后期,性发育已经成熟,性心理问题和恋爱心理问题也很常见。例如:在恋爱中不敢表白造成的单相思,或者不能很好地处理恋爱受挫问题,不能处理好恋爱与学业的关系,情感破裂时会有报复心理等;在性格与情绪方面,主要问题是心理障碍,自卑、偏激、敌对、孤僻、怯懦、依赖、神经质、抑郁等行为屡见不鲜;在求职与择业等方面,主要表现为困惑和担忧,不知道如何择业,不懂职业生涯规划,不懂求职技巧等。

成为圣贤是儒家哲学的最高理想。在儒家思想中,圣贤的标准是成为道德完美、济世救民的高尚的人,儒家一方面强调要积极修炼主体人格,遵守道德;另一方面要求奉献社会,成就"内圣外王"之道。在理想人格方面,孔子推崇的是君子一样的人格,而孟子的理想人格就是大丈夫"富贵不能淫,贫贱不能移,威武不能屈"。

优秀传统文化教育,一是要使大学生具有儒家的博爱思想。孔子主张"仁者爱人""忠恕之道""己所不欲,勿施于人",强调人与人之间要守望互助,先人后己,成人成己,容忍和包容别人。二是要使大学生具备经世胸怀。大学生拥有较高的个人道德修养、济世情怀,躬身力行,知行合一。三是要使大学生奉行中庸之道。大学生说话做事,立于中道,不偏不倚,以正常的思维和智慧处理生活和学习中的问题。四是要使大学生具有舍生取义的献身精神,为了国家和大众的利益不惜牺牲自己个人的利益,具有高尚的民族气节和为国家和大众无私献身的精神。

不难发现,五千多年流传下来的传统文化瑰宝,是衡量健全人

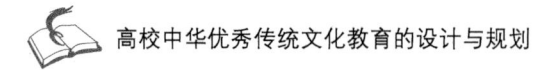

格的标准，是人类巨大的精神宝库。细细品味这些传统文化，大学生的心灵会得到洗涤，灵魂会得到滋养。中华优秀传统文化教育，有助于大学生正确认识自己，接受悦纳他人，科学地规划未来，能提高他们尽快适应社会和科学打理生活的能力，有助于构建其和谐健康的心灵空间，有助于他们建立良好的社会关系和人际关系，从而促进大学生个体的健康成长，全面提升大学生的综合素质。

第三章 高校中华优秀传统文化教育的系统性规划

中华优秀传统文化教育在高校教育中的系统性规划应从两个方面展开：中华优秀传统文化教育与现代教育理念应和谐统一；中华优秀传统文化教育应融入思想政治课教学和学科教学。

第一节 高校中华优秀传统文化教育系统性规划的基本原则

中华优秀传统文化拥有几千年的发展历史，含有无数在历史长河中创造和发展起来的精神基因，这些精神基因影响和规范了中华民族的物质生活与精神生活。用中华优秀传统文化来解决当代大学生思想观念及行动中存在的问题，使大学生从优秀传统文化中汲取营养，有利于提高中华优秀传统文化教育的感染力、实效性和说服力。在高校系统地开展中华优秀传统文化教育需要遵循以下五个原则。

一、批判与继承原则

一个民族文化的复兴和发展，离不开对优秀传统文化的继承和发展。继承与发展是辩证统一的关系。一方面，继承是发展的前提，离开对传统文化的继承，就谈不上对传统文化的弘扬，传统文化也不能得到延续，文化发展就是无源之水、无本之木。另一方面，发展是继承的目的,传统文化的继承必须把握时代的脉搏,紧跟时代的步伐,与时俱进,有所淘汰,有所继承,有所发扬,从而使中华优秀传统文化得到发展。

中华优秀传统文化在继承的基础上发展,在发展的过程中继承。对中华优秀传统文化的继承要积极从当前的社会实践中汲取养分,在创造中继承,在推陈中出新,创造出既具有时代精神,又具有时代特色的新文化。

在开展高校中华优秀传统文化教育中,要正确处理文化继承与发展的关系,在传统文化发展的过程中,不断革除陈旧的、过时的、不适合现代社会发展的文化内容,推出体现时代精神的新文化。

在信息发达的多元文化时代,大学生思想活跃,对事物的反应很敏感,然而对文化的鉴别力还比较低。中华传统文化中精华与糟粕并存,所以在开展高校中华优秀传统文化教育中,将中华传统文化运用于各学科的教学,首先应教会学生鉴别传统文化中的精华和糟粕,选择适合现代教育内容、适合大学生个人发展的部分,剔除与时代不相符合、与大学生发展相背离的文化内容,坚持批判与继承相结合,只有这样才能帮助大学生汲取中华传统文化中的优秀精神,才能使高校优秀传统文化教育落到实处。

二、知行统一原则

中国的传统道德特别重视理论与实践的完美结合,即知与行的统一。知行统一是中国传统道德教育关注的一个重要课题,是中国传统道德教育的基本原则。一个人仅仅懂得了应当怎样做人,这只是理论层面的,并不是真有道德,只有身体力行,按照道德规范去做、躬身实践，才算是一个真正有德行的人。因此，我们在运用中华优秀传统文化对大学生进行思想教育时，既应重视理论教育，让大学生把理论学好、学透，还应注重对学生道德实践的培养，通过实践课程将知与行统一起来。

《大学》深刻阐述了知与行的统一原则。《大学》以圣者的学问开篇，以义和利的辩证统一关系结尾。从整篇文章的内容来看，无非"内圣"和"外王"四个字，圣贤千古道统之传承，亦无过于此。在开展高校中华优秀传统文化教育中，要教育大学生以此为修身慎独之根本，内圣外王之要诀。做圣贤者一定要恪守"内圣外王"之道，才真正不辱古圣先贤的教诲。

让大学生们学习中华优秀传统文化，首先要通读传统文化的内容，特别是经典文化内容；其次是深刻理解和掌握传统文化的思想和内容；最后就是身体力行。《中庸》云："博学之，审问之，慎思之，明辨之，笃行之。"前四条的"博、问、思、辨"是学习之道，"行"是学习的终极目标。

传统文化中力行实践的精神一直是传统文化教育的一个基本原则，传统文化的知行统一思想不仅为我们提供了一种科学务实的思维方法，也为高校大学生学习和践行传统文化提供了精神动力。

我国正在加强的社会主义思想道德建设，无疑应当把启发道德自觉、注重道德实践、提升个人道德品质放在首位。提倡知行统一，有助于在新的形势下推进在高校中的中华优秀传统文化的传承发展，促进"以文化人"。

三、政治性原则

优秀传统文化教育不仅要为社会经济发展服务，还要为思想政治教育服务。高校中华优秀传统文化教育一定要符合高校教育目标的要求，必须有利于大学生世界观、人生观和价值观的养成；要把中华传统文化与马克思主义结合起来，与中国特色社会主义理论有机结合起来。

中华几千年的文明历史告诉我们，一个国家的兴旺和发达一定要有民族魂，这个魂就是中华优秀传统文化。治理好国家，首先需要对中华优秀传统文化有深入的了解，中华传统文化中蕴含着我国古代治国理政的成功经验和集体智慧。习近平总书记在中国共产党第十九次全国代表大会上的报告中指出："中国特色社会主义文化，源自于中华民族五千多年文明历史所孕育的中华优秀传统文化，熔铸于党领导人民在革命、建设、改革中创造的革命文化和社会主义先进文化，植根于中国特色社会主义伟大实践。"在党员领导干部中倡导的"些小吾曹州县吏，一枝一叶总关情""政之所兴在顺民心，政之所废在逆民心"等思想，正是中华优秀传统文化在现代社会主义建设中的具体体现，体现了中国人民高超的政治敏锐力和继承古圣先贤的大智慧。国家的发展和建设，现代干部思想政治素质和业务素质的提高，离不开中华传统文化的经典思想，"索道于当世者，莫良于典"。中华优秀传统文化古代经典著作蕴含着大格局、大思想、大内涵和大智慧，包含着深厚的、科学的，并被广大领导干部所能接受的为政之道，这些政治智慧与中国社会主义现代化理论有机结合，水乳交融，深刻体现了中华优秀传统文化的时代特色。

道德的政治功能几千年来始终被政治家和教育家所重视。孔子认为，"为政以德，譬如北辰，居其所而众星共之"（《论语·为政》），国家的治理一定要实行以德治国，只有以德行治理国家，国家才能像北极星一样，众星都会拥护它。"为政以德"代表了孔子的为政思想，也说明了儒家以德治国的理念。孟子也强调，"以力服人者，非心服也，力不赡也；以德服人者，中心悦而诚服也"（《孟子·公孙丑上》）。孟子不但强调道德在治理国家方面的重要性，而且强调在以德治国时，一定要讲究策略和方法，讲究善巧方便。儒家思想在强调以德治国的同时，也未忽视"刑罚"的作用，强调要把以德治国与国家刑罚有机结合起来，这样才能使国家的治理更有效果。孔子主张"德主刑辅"，荀子强调"起礼仪""制法度"。这与我们今天所提倡的要在依法治国的同时做到以德治国，具有一定的相通之处。德与法是国家治理的两个方面，是辩证和统一的关系，是互补的关系。这些思想为现代社会的德治与法治的完美结合提供了重要依据，充分体现了我国古圣先贤的政治智慧和政治格局。

四、时代性原则

中华优秀传统文化是中华民族集体智慧的结晶，不仅在几千年的历史上为推动国家繁荣和民族进步发挥了重要的作用，而且也在现代社会的发展中发挥着重要的作用，有着重大的现实指导意义。

在社会主义现代化的今天，中华优秀传统文化仍然具有重要的意义。中华优秀传统文化对实现社会主义核心价值观，振奋中华民族精神有着极其重要的意义。因此，在中国特色社会主义建设的新征程中，在开展高校中华优秀传统文化教育中，需要深化对传统文化的科学认知，增强对中华传统文化的了解，在新时代背景下赋予优秀传统文化新的思想内涵，丰富中华优秀传统文化的现代表达形式，使之与时俱进。这就要求我们用礼敬和审时两种态度对待传统文化，既要深刻理解和掌握其内容中不适合时代特点的内容，又要发现和运用那些对现代化建设有重要意义的优秀传统文化内容，从而推动社会主义现代化建设不断发展。

中华优秀传统文化具有时代性，它超越了时间和空间。虽然传统文化的某些思想意识和价值观念具有时代的烙印，存在某种局限性，但其最基本的思想和理念仍然适用，亘古不衰，并会随着时代的发展继续发挥非常重要的作用。

中华传统文化是否具有时代性应该有一个具体的检验标准，在社会主义建设的新时代，在开展高校中华优秀传统文化教育中，我们考察传统文化是不是符合时代发展的要求，其标准就是：传统文化的思想是否有利于坚持和发展中国特色社会主义，是否与马克思主义意识形态相融合，是否与社会主义现代化发展要求相适应等。弘扬优秀传统文化，就是要将中华优秀传统文化的思想和内容与时代紧密结合，并把中华优秀传统文化的思想和智慧转换成国家文化软实力，转化成国家治国理政的聪明智慧，从而推动优秀传统文化的创新性发展，让优秀传统文化内容能够不断适应新形势、新要求，源源不断地为社会主义现代化建设贡献精神力量。

五、人文性原则

人文精神表现为对人的尊严、地位、价值的追求和注意，体现为对人的精神文化现象的普遍看法，是对人格的一种评价和基本态度。《周易·彖传》解释了人文的含义："分刚上而文柔，故小利有攸往，天文也；文明以止，人文也。观乎天文，以察时变；观乎人文，以化成天下。"意思是说，自然界中的一切事物都有其运行和变化的规律，都有其独特的表现形式，因此，人们可以通过这些不同的表现形式，不断了解和掌握这些事物的变化规律。同理，根据人们的各种表现，可能了解和通达人们所表达的社会习俗和行为习惯，按照知识和事物变化的规律才能使人断恶修善，达到世界和谐的目的。

中华优秀传统文化充分体现了对人的深切关怀，在高校系统地开展中华优秀传统文化教育，要让大学生理解并深信中华优秀传统文化中所蕴含的人文精神，如无缘大慈、同体大悲、天人合一、和而不同、执两用中等。"无缘大慈"体现了仁爱的思想，"同体大悲"体现了与民同乐的思想，"天人合一"体现了人一定要遵从自然界的规律，"和而不同"体现了追求和谐和求同存异的思想，"执两用中"体现了崇尚中道、不走极端的内心状态。这些精神是几千年中华优秀传统文化智慧的积累，有着强烈的求同存异、趋善避凶的价值目标。这些特有的人文精神逐渐被人们所接受，最后形成一种民族特有的精神和理念，这种精神和理念塑造了中华优秀传统文化高雅、博大和厚重的精神风貌，成为中华民族团结、包容和追求和谐的共同思维和价值追求。

因此，在高校中华优秀传统文化教育的过程中，要积极开展关心国家、热爱集体的家国思想教育，积极开展关爱社会、关爱弱势群体的社会关爱教育，积极开展明德、崇善、利人的人格修养教育，引导学生深刻领会和掌握中华优秀传统文化中的人文精神，并把这种人文精神应用到生活和工作中，最后将中华优秀传统文化内化为一种品格和素质，从而更好地服务国家和社会。

第二节 中华优秀传统文化教育与现代教育理念的和谐统一

在现代教育中融入传统文化教育不仅是时代的要求,也是教育本身的要求,同时又是文化自身发展的要求。教育理念是一个内涵很丰富的概念,它是对关于教育宗旨、教育目的、教育目标、教育原则等内容的最基本的看法,是教育主体在教学过程中形成的对"教育应然"状态的理性认识和主观要求。现代教育理念包括:以人为本、全面发展、主体性、系统性和创造性等。中华优秀传统文化教育融入高校教学,首先应该确保其与现代教育理念的和谐统一。

一、中华优秀传统文化教育要符合现代教育的本质

古代教育的本质是为统治阶级服务,尽管孔子的平民化教育破天荒地打破了贵族阶级对传统教育的垄断,但是,其实质还是为统治阶级的根本利益服务。而现代教育的本质则在于:教育是培养人的活动,并通过育人活动实现自然人与社会人的统一。

从本质属性来说,教育就是根据一定社会需要进行的培养人的活动,或者说是培养人的过程。一方面,从受教育者身心发展变化的角度来看,教育是发展,是生长,是对生活、环境的适应,是经验的积累与重新组合,是个体社会化的过程。另一方面,从教育者的角度来看,教育就是向下一代传递知识和文化,培养社会发展所需要的建设性人才的过程。教育活动是教育者和受教育者活动的统

一，其中最根本的任务就是要促进受教育者身心的发展。

面对纷杂的社会和各种不同的思潮，改革开放固然带来了许多先进的科学技术、思想文化，同时也给一些阻碍发展进程的势力提供了可乘之机，而正处于世界观形成期的青年人善于接受新文化，同时也容易受到不良文化的侵害，形成错误的世界观、方法论。因此，中华优秀传统文化教育一定要符合现代教育的本质，符合现代教育培养人、促进受教育者身心发展的要求，基于此，高校中华优秀传统文化教育的开展才能更有目标、更有针对性。

二、中华优秀传统文化教育要符合现代教育的目的

2015年，中共中央办公厅、国务院办公厅联合发布《关于进一步加强和改进新形势下高校宣传思想工作的意见》，意见中提出"把社会主义核心价值观融入高等教育全过程，完善中华优秀传统文化教育"。2017年，中共中央办公厅、国务院办公厅印发了《关于实施中华优秀传统文化传承发展工程的意见》。两个不同时期的文件同时强调了对优秀传统文化教育的重视。优秀传统文化教育在一定程度上推动了传统文化的复兴，而传统文化的概念以及范畴的界定还存在模糊性。特别是在现代语境下，传统与现代交织形成复杂的关系，明确传统文化教育的目的能够提供传统文化在现代生活中的合法性、适应性依据。

古代教育的目的是培养适合统治者需要的人才，同时，让大众成为安于社会现状、不会反抗的顺民；而现行的教育目的是培养德、智、体、美、劳全面发展的社会主义事业的建设者和接班人。

中华优秀传统文化要不断地继承、发展和弘扬。中华传统文化

博大精深，在历史的演变中形成了与民族文化、民族性格、民族心理相适应的一套文化体系。这套文化体系同时兼容了物质与精神领域，传统文化教育更多倾向于精神领域。传统文化内嵌在民众的行为和认知体系中，在行为模仿与价值传承中，传统文化本身就成为个体潜在的一个部分，但是没有体系化、明显化，优秀传统文化教育的一个主要目的就是弘扬传统文化中的精华，发挥传统文化精华部分的价值，即以肯定取向的传统文化教育内容为依托，科学审视，合理借鉴。中华优秀传统文化教育不仅需要从大众的视角，而且需要从培育中华民族之根的角度出发，理性地审视优秀传统文化对于现代教育的价值。

三、中华优秀传统文化教育要与现代教育的内容与方式相一致

教育内容是指为实现教育目标，经选择而纳入教育活动过程的知识、技能、行为规范、价值观念、世界观等文化总体。教育方式是根据不同学生的不同的特点，包括学生的接受能力、奋斗目标、人生取向而采取的手段和措施。中华优秀传统文化教育主要围绕道德教化而展开，在古代，传统文化教育的内容和方式都是为封建统治者培养"代言人"的，在这种教育中，根本不需要受教育者有任何主动性的深入思考，完全是灌输式的被动教育。

中国古代教育的内容以伦理道德为主，一般文化知识为辅。也就是说，在古代教育中，一般的文化知识教育都要服从和服务于道德教育的需求，儒家的教育思想提倡在较为全面教育的基础上对德育进行大力倡导，这种教育在一定程度上属于以德育为主的通识教

育。而现代教育的内容非常广泛，包括设置什么课程和教学内容、谁来组织教学、采取什么形式进行教学、学校提供的教育教学的硬件和软件设施以及学校教育对学生学习水平的认定等。现代教育倡导素质教育，要求大学生思想教育与专业技术教育要齐头并进，高校教育要促进学生的全面发展。在高校优秀传统文化教育中，我们不仅仅要倡导学思并重，更要提倡学思行三者并重，高校优秀传统文化教育要促进学生全面发展。

中国传统教育的内容和方式是几千年来教育思想、教育内容、教育方法和教育实践的积淀，无论在教育哲学、教育目的、教育内容，还是在教育方法、学习方式上，都给我们留下了丰富的借鉴和思维空间。传统文化教育的内容要根据中华传统文化的教育目标，紧紧围绕传统文化教育的核心内容，遵循大学生的认知规律，遵循现代教育的特点，遵循现代教育教学规律，按照整体化、分学段、按层次和全力推进的原则，把中华优秀传统文化教育贯穿于幼儿教育、初等教育、中等教育、高等教育的全过程，采用以情化人、以身教人、以德塑人、因材施教等教育方式，持之以恒地对学生进行优秀传统文化教育，使大学生"志于道，据于德，依于仁，游于艺"，坚持学习圣贤经典，立志修身养性，完成修身、齐家、治国、平天下的伟大目标。

第三节　中华优秀传统文化教育融入思想政治课教学

继承和弘扬中华民族优秀传统文化已成为思想政治教育工作的一个重要任务，思想政治教育关乎青年学生的健康成长，关乎国家命运与民族未来，将中华优秀传统文化与思想政治教育相结合，大力弘扬中华优秀传统文化，加强高校思想政治工作，是时代与社会的要求，更是理论工作者需要探索研究的重要内容。中华优秀传统文化与思想政治教育之间的关系就是中华优秀传统文化的价值观、道德观与思想政治教育的关系。要通过创造性转化、创新性发展弘扬中华优秀传统文化，将中华优秀传统文化与社会主义先进文化有机结合，将中华优秀传统文化中跨越历史时空的价值观念，通过转化和发展变成社会主义核心价值观的有机组成部分，融于思想政治教育当中。既要研究共性的价值观和道德观，丰富社会主义核心价值观的内涵，又要将传统文化与时代精神相结合，与具体的、个性的问题融合在一起，将其变成活生生的价值实体或者道德实体。

高校本科思想政治理论课主要有四门，即"思想道德修养与法律基础""中国近现代史纲要""马克思主义基本原理"与"毛泽东思想和中国特色社会主义理论体系概论"。所谓系统融入课程，就是既要让中华优秀传统文化教育覆盖所有课程，又要根据每门课程的特点，将能与传统文化结合的教育内容进行特别设置，做到科学合理、针对性强。

一、"思想道德修养与法律基础"教育内容设置

"思想道德修养与法律基础"课程是针对大一新生开设的，这是大学新生进校后接触的第一门思想政治理论课，该课程旨在培养大学生正确的世界观、人生观、价值观、道德观、法制观。

在"思想道德修养与法律基础"课程中，介绍了中华优秀传统文化的魅力、爱国传统、民族精神和中华优秀传统文化中的道德观，

要求大学生要尊重和热爱中华优秀传统文化，铭记中华民族的爱国主义精神，弘扬爱国主义传统；教育大学生要发扬中国优良道德传统，培养自身思想道德素质。

结合高校教学的实际情况，在"思想道德修养与法律基础"课程教学中可以融合以下四个方面的中华优秀传统文化内容。

（一）高层次的理想人格追求

孟子把理想人格从低到高分成六个层次，"可欲之谓善，有诸己之谓信。充实之谓美，充实而有光辉之谓大，大而化之之谓圣，圣而不可知之之谓神"。孟子说："有事君人者，事是君则为容悦者也。有安社稷臣者，以安社稷为悦者也。有天民者，达可行于天下而后行之者也。有大人者，正己而物正者也。"孟子为我们建构了从善者到圣者的理想人格的目标，让我们有路可走，有理可循。

古之做大事者，都先立下宏大的志向。孔子经常教育自己的学生立大志、立长志，及时进行立志教育，引导他们为人民、为社会做贡献，以便实现自己的人生抱负。明代心学大家王阳明出生于诗书世家，从小受到良好的家庭教育，特别是儒家思想教育，这使王阳明立下的志向与一般人不同。少时读书时，王阳明曾问及他的私塾老师"什么是读书人第一等的事"，私塾老师回答"读书和考取功名"，王阳明却不认同老师的观点，对他的老师说："读书人第一等事不是考取功名，是做个圣贤之人。"他认为，常人一定要按自己的本性做事，明白自己的使命和良知，通过诵读传统文化经典唤醒自己的良知，并按此目标终生努力，就会达到圣人或君子的境界。

宋代范仲淹"少有志操"，从少年时代起，他就慨然有志于天下，怀一腔"利泽生民之志愿"，而要"行救人利物之心"。不为良相，便为良医，但不论是良相还是良医都是以济世救民为根本目的。在这个志向的影响下，他一心为民，一心为公，以天下为己任，为官关心百姓，无论在朝主政还是出帅戍边，都心系国家安危，殚精竭虑。他倡导的"先天下之忧而忧，后天下之乐而乐"的为天下众生同苦同乐的高尚情操和"居庙堂之高则忧其民，处江湖之远则忧其君"的忠君爱民思想终成中华文明史上的一笔宝贵的精神财富。

当前，在经济全球化背景下，随着互联网的不断发展和我国改革开放的不断深化，中西方文化得到了多方位融合，同时也产生了很大的冲突，这些融合和冲突使大学生的世界观、人生观、价值观和行为习惯都发生了较大的变化，大学生的价值取向日趋多元化，功利思想和利己主义思想有所抬头，个别大学生出现了政治信仰不坚定、功利思想严重、群体意识不强、个人主义思想深厚、集体主义思想观念淡漠等不良倾向。因此，一定要把中华优秀传统文化思想渗入大学生的思想中去，调整大学生立志教育思路，用优秀传统文化思想和科学发展观引导大学生树立与为国家发展理念与人民幸福生活而努力相一致的个人志向。

（二）爱国主义精神

大学生思想政治教育的主要内容之一就是爱国主义教育，爱国主义是中华民族的重要精神力量，是中华优秀传统文化的核心思想，作为主流文化存在于中华传统文化中。

伟大的爱国主义诗人屈原出生在列强争雄称霸的战国时代，各家学派的仁人志士纷纷奔走于列国之间，以骋其志。而屈原却自始至终不愿离开自己的祖国，为实现美政理想而"虽九死其犹未悔"体现了他至死不渝的爱国信念，"受命不迁，生南国兮。深固难徙，更壹志兮"更体现其赤子深情。南开系列学校的创办者张伯苓15岁就以优异的成绩考入北洋水师学堂，毕业后服务于海军，然而在看到中国海军饱受外国人的欺辱，认为海军报国无望后，他毅然决定退役，并立志"创办新教育，造就新人才"，以伟大的爱国主义精神兴学育人，为国家和民族培养了大批优秀人才。著名的数学家华罗庚品学兼优，早年在美国学习时就非常受外国人的欣赏。中华人民共和国成立后，华罗庚毅然决定放弃在美国的优厚待遇，奔向祖国的怀抱，而且发信号召留美学生为了国家和民族的发展回祖国去。

国是千万家构成的有机整体，有家才有国，国家安宁，小家才能幸福。纵观历史，八国联军入侵中国火烧圆明园，日本主动挑衅并发起侵华战争，中国人民饱受欺凌和痛苦，当国家受难时，家庭作为国家的一个细胞，个人根本无尊严可言。只有国家强大了，人民才会幸福快乐，才会有尊严。所以爱国主义教育一定要从青少年抓起，通过爱国主义教育，培养他们的爱国情怀，要让青少年懂得我们今天的幸福生活是无数仁人志士抛头颅、洒鲜血换来的，让他们从小就感受幸福生活来之不易，通过优秀传统文化教育培养他们的爱国之心。

爱国主义是一种思想，也是一种情感，这种思想和情感经过长期的积淀并不断转化为民族的共识和认同，把自己的思想与民族发展的进程统一起来，从而形成强大的民族向心力和凝聚力。在进行爱国主义教育时，要强调如下几点。一是爱家与爱国的统一，爱小家才能更好地爱国家，爱国家才能使小家幸福安康，有国才有家。二是五千年绵延不断的历史文化的浸润构成了中华传统文化特有的思想体系和内容，这种思想体系和内容建构起了深厚的文化认同。三是近代以来西方列强的侵略促使了中华民族的觉醒和凝聚，爱国主义转化为救亡图存的行动和实践，形成强大的民族凝聚力。四是爱国主义的思想应转化为大学生内在的动力和价值追求，形成个人与社会的道德体系一致的自身素质，并应内化为一种道德自觉和行为自觉。

（三）仁爱思想

仁爱是中华传统文化的核心理念。孔子提到，富和贵是人们所期待的，不通过正当的途径，即便有了富贵，也不能安处；贫和贱是人们所嫌弃的，不通过正当的途径，即便处于贫贱之中，也不自我嫌弃。君子离开了仁，怎么能成就名声呢？君子任何时候都不违背仁德，匆忙急迫中必定如此，颠沛流离时必定如此。所以，"志士仁人，无求生以害仁，有杀身以成仁"（《论语·卫灵公》）。他的学生曾子也说，有道德的人要以实行仁为己任，直到死才可以罢休。

儒家的仁爱观念是中华传统仁爱观念的主流，这里的爱有三种境界：第一种境界是爱自己的家人，第二种境界是爱陌生人，第三种境界是爱自己的敌人。无缘大慈，同体大悲，这种仁爱由近及远，向外辐射，以爱家人为基本，辐射到爱他人，再辐射到爱天地万物。"亲亲而仁民，仁民而爱物"，层层扩展，最终达至"仁者以天地万物为一体"（《孟子·梁惠王》）"博学而笃志，切问而近思，仁在其中矣"（《论语·子张》）。

当代大学生道德危机主要表现为对身边的人和事麻木不仁，"仁爱之心"严重缺失，导致一些违背传统伦理道德的败德行为有增无减，这种现状令人担忧。中华优秀传统文化中的仁爱，既是一种人生态度，也是一种高超的生存智慧。现代艺术家丰子恺曾有这样的隽永妙语："你若爱，生活哪里都可爱。你若恨，生活哪里都可恨。

你若感恩,处处可感恩。你若成长,事事可成长。不是世界选择了你,是你选择了这个世界。"孔子提出的"己所不欲,勿施于人"是仁爱的一个重要原则,这个原则是由数千年历史的道德和伦理传统所寻获并持守的,适用于人生各个范畴,适用于家庭、国家和民族。

(四) 诚信意识

目前,社会诚实信用意识淡化,假冒伪劣商品泛滥,学历造假、学术不端层出不穷,违约、拖欠货款等现象时有发生,这些不良社会风气在一定程度上影响了大学生的诚信意识,大学生的人生观和价值观发生混乱,诚信道德原则发生扭曲,以至于出现学生考试舞弊、学术不端等诸多失信行为。社会上普遍存在的拜金主义和实用主义思想对大学生造成了非常大的影响,同时我国高校道德教育的抽象化、空洞化、说教化和形式化的弊端,使得这些道德教育有很强的功利性,对学生的思想教育片面地强调社会价值,而忽视了大学生个体需要与社会发展、高校教育目标的一致性;过分注重道德知识的掌握,忽视了学生综合素质的提高和道德实践能力的培养。结果学生的诚信教育只停留在知识教育的层面上,不能把诚信教育的思想内化为学生的自觉行为,缺乏应有的实效性;对学生的情感教育、抗挫能力和健全人格的培养重视不够,造成大学生诚信教育的知识和行为严重脱节。

意大利诗人但丁说过:"一个知识不全的人可以用道德去弥补,而一个道德不全的人却难以用知识去弥补。"道德是一个人一生的名片,高尚的道德是人永恒的美,是任何东西都无法比拟的。随着人们物质生活水平的不断提高,人们的精神生活日渐贫乏,诚信缺失、信仰缺乏、道德失范等社会问题不同程度地存在。人无诚不立，国无诚不宁。每个大学生都要学习中华优秀传统文化的诚信思想，在传统文化中汲取诚信营养，进而从自己做起，从点滴做起，使诚信思想在心中扎根，深入践行社会主义核心价值观。

二、"中国近现代史纲要"教育内容设置

"中国近现代史纲要"也是大学生的必修课程，该课程时间跨度从鸦片战争至今，涉及政治、经济、军事、文化、外交等领域，涵盖内容丰富。其教学目的是引导学生了解国史、国情，并明确近现代史上的"四个选择"：历史和人民怎样选择了马克思主义，历史怎样选择了中国共产党，历史怎样选择了社会主义道路，历史怎样选择了改革开放。一部中国近代史，不但记录了近代中国的屈辱历程，同时也记录了一代代中国人为了实现民族独立和人民解放与国家富强和人民富裕两大历史任务而顽强斗争的历程，因此"中国近现代史纲要"课程中本身就包含着中国的传统精神，同时也应该适时地将优秀传统文化渗透到该课程教学中去。

大学生学习"中国近现代史纲要"，了解帝国主义的入侵给中华民族和中国人民带来的深重苦难，能激发我们的爱国情感；了解中国近现代的历史，懂得必须首先推翻半殖民地半封建的社会制度，争取到民族独立和人民解放，才能集中力量为现代化建设开辟道路；充分认识革命的必要性、正义性和进步性，自觉地继承和发扬近代以来中国人民的爱国主义思想、民族精神和革命传统，能够增强我们的民族自尊心、自信心和自豪感。

在"中国近现代史纲要"课程中，自始至终都不能离开传统文

化这条线索。

在"中国近现代史纲要"课程教学中,要始终强调中华民族自强不息的精神。从林则徐、魏源到严复,从康有为、梁启超到孙中山,从"君主立宪"到"民主共和",近代历史上中国的思想文化界发生了翻天覆地的变化。自强不息的精神是中华传统文化的基本精神。孟子说:"故天将降大任于斯人也,必先苦其心志,劳其筋骨,饿其体肤,空乏其身,行拂乱其所为,所以动心忍性,曾益其所不能。"孟子认为,不论在盛世还是在乱世,国人都应该自强不息。无产阶级登上历史舞台后,中国共产党选择了马克思主义来指导中国革命、建设和改革,终于取得了举世瞩目的伟大成就。

在"中国近现代史纲要"课程教学中,要向大学生强调中华民族仁人志士的爱国主义精神。教师们可以在历史中找到类似的英雄人物对比介绍:投江自尽的屈原,为国刺秦的荆轲,收复宝岛台湾的郑成功,虎门销烟的林则徐,为国捐躯的邓世昌等,帮助学生真切地感受中华民族从古至今延续不断的爱国主义精神。

三、"马克思主义基本原理概论"教育内容设置

2017年,中共中央办公厅、国务院办公厅印发了《关于实施中华优秀传统文化传承发展工程的意见》,意见在重点任务部分指出,"深入研究阐释中华文化的历史渊源、发展脉络、基本走向,深刻阐明中华优秀传统文化是发展当代中国马克思主义的丰厚滋养",体现了我国对推动马克思主义与中华优秀传统文化相结合的重要性的认识进一步深化。作为新时代的大学生,一定要继续成为中国先进文化的积极引领者和践行者、中华优秀传统文化的忠实传承者和弘扬

者，不断推动马克思主义与中华优秀传统文化相结合，在实践创造中进行文化创造，在历史进步中推动文化进步。

马克思主义传入中国已有百年的历史。近百年以来，中国发生了巨大而深刻的变化，取得了骄人的成绩，人民的生活水平有了极大的提高。马克思主义已经成为中国历史和中华优秀传统文化中一个不可分割的重要部分。

从马克思主义的发展来看，马克思主义本身是随时代的发展而发展的，它必须在吸取人类文明发展的一切优秀成果的基础上发展。从文化发展的规律看，一种文化进入文化的长河之中，必须吸取本土文化的优秀要素，本土文化是经过长时间的实践和不断积累才逐渐形成的，所以该文化必须要与本土文化相结合，方能在该地域生根发展。马克思主义只有和中华优秀传统文化相结合，才会有中国特色社会主义道路，才能使全国人民走向健康发展的道路，才会不断前进。

中华优秀传统文化教育一定要顺应大学生的成长特点和规律，顺应时代发展的需要，吸取人类文化的优秀成果，创造性发展。在"马克思主义基本原理概论"课程中，马克思主义唯物史观和辩证法关于普遍和特殊、共性和个性的思想，是正确认识儒学和传统文化自身，进行创造性转化和创新性发展的基本思想方法。学习马克思主义的基本观点和方法，有利于中华传统文化更好地适应时代的要求，获得发展。

马克思主义和中华传统文化互相补充、互相完善，又有其相通相契之处。比如中华传统文化追求的大同理想与马克思主义的共产主义理想，中华传统文化中的辩证思想与马克思主义的唯物辩证法，中华传统文化关于"以天下为己任""先天下之忧而忧，后天下之乐而乐"的人生理想、价值追求与马克思主义以投身人类解放为最高人生理想追求等，都可相通或相契。而在相通相契的基础上，二者具体的论证表述又有不同，可以互补互学。因此，在"马克思主义基本原理概论"课程教学中，一定要适时补充中华优秀传统文化的内容，让学生深刻领会中华优秀传统文化和马克思主义的基本内容之间的关系，从而将学习马克思主义思想与中华优秀传统文化更好地结合起来。

高举马克思主义和中华优秀传统文化相结合的旗帜，走马克思主义与中华优秀传统文化相结合的道路，建设有中国特色社会主义新文化，是高校思想教育课的必然选择。

四、"毛泽东思想和中国特色社会主义理论体系概论"教育内容设置

"毛泽东思想和中国特色社会主义理论体系概论"课程的主要任务是帮助学生学习毛泽东思想和中国特色社会主义理论体系的基本内容，帮助学生理解毛泽东思想和中国特色社会主义理论体系是马克思主义的基本原理与中国实际相结合的两次伟大的理论成果，是中国共产党集体智慧的结晶。

本课程着重讲授中国共产党把马克思主义基本原理与中国实际相结合的历史进程，充分反映了马克思主义中国化的两次历史飞跃和两大理论成果。通过教学，帮助学生系统地掌握毛泽东思想和中国特色社会主义理论体系的基本原理及其对当代中国发展的重大意义，正确认识中国特色社会主义建设的发展规律，认识党的民族政策和宗教政策，把握新世纪、新阶段各民族共同团结奋斗、共同繁

荣发展的民族工作主题，形成科学的世界观、人生观和价值观，树立正确的民族观、宗教观和祖国观，坚定在中国共产党的领导下走中国特色社会主义道路的理想信念，增强在党的领导下全面建设小康社会，加快推进社会主义现代化进程的自觉性和坚定性。

作为马克思主义的继承和发展，毛泽东思想是被实践证明过的正确的理论思想和经验总结，为中国特色社会主义理论体系的形成奠定了坚实的理论基础。毛泽东思想和中国特色社会主义理论体系蕴含着丰富的中华优秀传统文化。毛泽东思想活的灵魂是实事求是、群众路线、独立自主三个内容，这三个内容同时也是对中国特色社会主义理论体系的基本遵循，更是对中华优秀传统文化的继承和发展。

实事求是出自《汉书·河间献王刘德传》，"修学好古，实事求是"。《论语·为政》云："知之为知之，不知为不知，是知也。""实事"就是客观存在着的一切事物；"求"就是我们去研究；"是"就是客观事物的内部联系，即规律性。实事求是的思想路线，是在同以教条主义为主要特征的主观主义的长期斗争中形成的，是对中华优秀传统文化的继承和发展。

群众路线典出《尚书·五子之歌》，"皇祖有训，民可近不可下，民惟邦本，本固邦宁"。《荀子·哀公》篇提到："……君者，舟也；庶人者，水也。水则载舟，水则覆舟，君以此思危，则危将焉而不至矣？"唐初魏征和唐太宗也多次转引这样的观点，如，《贞观政要·论政体》："臣又闻古语云：'君，舟也；人，水也。水能载舟，亦能覆舟。'陛下以为可畏，诚如圣旨。"《左传·襄公十年》云："众怒难犯，专欲难成。"《淮南子·氾论训》云："治国有常，而利民为本。"宋代苏轼《荔枝叹》云："雨顺风调百谷登，民不饥寒为上瑞"。《道德经》云："圣人无常心，以百姓心为心。"《孟子·尽心下》云："民为贵，社稷次之，君为轻。"总之，中国古代传统的"民本思想"是群众路线最早的历史渊源。毛泽东在《关于领导方法的若干问题》一文中指出："在我党的一切实际工作中，凡属正确的领导，必须是从群众中来，到群众中去。"这些都是关于人民群众伟大历史作用的经典总结。

独立自主出自《周易》，在《周易》中，君子的使命是"自强不息"，是"积小以高大"，是"自昭明德"。当晦暗来临，光明不再的时候，君子懂得不勉强、不执迷，不在逆境中纠结；穷途无须恸哭，可以坐看云卷云舒；达不能兼济天下，大可退而独善其身。君子法上天刚健、运转不息之象，而自强不息，进德修业，永不停止。《易传》象曰："天行健，君子以自强不息。"孔子高扬个体的主体人格，强调人的主动性和历史责任。孔子对个人这种境界的追求是每个个体成员均可承担也应该承担的历史责任，他说："三军可夺帅也，匹夫不可夺志也。"这种匹夫不可夺志的精神，正是孔子所倡导的自强自立精神的集中表现。继孔子之后，孟子进一步弘扬了自强不息的主体精神，"夫人必自侮，然后人侮之；家必自毁，而后人毁之；国必自伐，而后人伐之。"《孟子·离娄上》"富贵不能淫，贫贱不能移，威武不能屈，此之谓大丈夫"（《孟子·滕文公下》），这种刚强的精神是孟子对独立自主人格的经典概括。

中国特色社会主义理论体系与毛泽东思想一脉相承，是对其的继承和发展，其中必然包括上述内容。中华优秀传统文化为毛泽东思想和中国特色社会主义理论体系提供了源源不断的思想资源，使其能够不断根据世情、国情调整和完善自身，在指引中国走中国特色社会主义道路中发挥出强大的生命力。

第四节　中华优秀传统文化教育融入学科教学

实施中华优秀传统文化，必须围绕立德树人的根本任务，遵循学生认知发展规律和教育教学规律，按照一体化、分学段、有序推进的原则，把中华优秀传统文化全方位融入思想道德教育、文化知识教育、艺术体育教育、社会实践教育各环节。优秀传统文化融入学科教学是传统文化进校园的主渠道，在学科教学中，以主题为导向、实施主题教学是传统文化融入学科课堂的捷径。

学校教育是学生个体成长过程中的主要教育形式，对于延续传统、传承文化具有不可替代的作用。而学科教学是整个学校教育的基础所在，各个历史时期的不同国家都注重通过学校教育传播本民族的优秀文化，达到保存、延续和发扬本民族精神和文化特色的目标，所以研究学科教学中如何渗透和贯彻传统文化具有重要的意义。中华优秀传统文化教育可以通过如下方式融入学科教学。

一、找准优秀传统文化教育的触发点和共振点

优秀传统文化融入学科教学，要善于找准优秀传统文化与课程教学中相同或相近的内容，抓住连接学生的精神世界、现实生活或者与历史典故、风土人情等有关的触发点、共振点，利用丰富的优秀传统文化资源，根据讲授的内容，确立明确的文化主题，引领学生关注文化、亲近学科，让他们在多维的学科学习中沐浴优秀传统文化的光辉，通过体验与熏陶、理解与扬弃、鉴赏与反思等形式，

提高学生的核心素养,增强学生的民族自信心,从而为其终身发展奠基。

二、加强中华优秀传统文化与学科的有机渗透

要有效地开展优秀传统文化教育,不同地区或学校应当根据各自的区域特色、办学条件、教育对象,充分结合各种模式,取长补短,相辅相成。要根据学科的特点,选择内容相近的优秀传统文化内容,进行中华优秀传统文化与学科的有机渗透。

如今,大学的各门学科课程中都适量增加了相关传统文化的内容,如旅游专业对古代民俗文化、古桥等知识的介绍;数学专业也包含古代的数学家和数学历史人物的内容;音乐专业课程涉及中国戏剧、古典舞蹈、民族服装;美术专业课程有国画、陶艺、刺绣;体育专业课程有中国武术等。这些教育资源在各学科教学中都是潜隐性的,需要教师在教学中不断地积累和挖掘,并在学科教学中有机渗透,做到润物无声,让传统文化思想在潜移默化中发挥作用。只要我们能自觉地、有意识地开发课程资源,优秀传统文化教育在各学科中的渗透就能形成教育合力,优秀传统文化教育的效果就能事半功倍。

三、开发学校隐性课程的文化教育功能

优秀传统文化融入隐性课程教育的可行性体现在两个方面:一是文化本身的内在确定性,二是优秀传统文化与隐性学科教育在内容和思想上的有机契合。要注意研究和有效利用优秀传统文化融入

隐性课程教育的途径，不断探索和开发隐性课程与优秀传统文化教育相结合的模式，结合学科的内容和特点开展丰富多彩的文化活动，要结合学科内容的思想合理利用社会资源。高校要充分认识到大学各学科课程的传统文化教育功能，除了利用课堂教学的主渠道功能外，还应充分重视学校隐性课程的传统文化教育功能，将课堂、教材、活动、校园等"共同体"中潜在的优秀传统文化教育因素转变为可利用的教育资源，真正地将传统文化教育的理念贯彻到大学的日常教学活动中去。

四、中华优秀传统文化教育要信、解、行、证

传统文化的发展历史表明，只有当学习内容与学习者的实际生活发生密切联系时，学习才是有效的，学生才能把学到的知识转化为自身的行为动力。在高校学科教学中，要实现优秀传统文化教育的目标，无论是提高学生的文化素养、民族意识等综合素质，还是对学生进行人格培养，不仅可以通过单纯的知识的传授达到，更要通过活动这一载体，通过活动感染学生、激发学生的发展潜能，并让学生成为真正的主体，在活动中获得具体的切实的体验，才能更好地使学生的认知得以内化，情绪得以感受，行为得以改善，从而促进其身心和谐发展。

优秀传统文化教育不但要对学生进行理论教育，还要让学生信、解、行、证，这是学习优秀传统文化的一般进程。信，即对中华优秀传统文化具有正信，充分相信中华优秀传统文化的意义和作用；解，即对优秀传统文化的基本思想能够正确理解，在思想上达成共识；行，就是要依照圣贤教育的思想和智慧修正自己的行为，提高

自己的素质；证，证明优秀传统文化是我们中华民族的美丽瑰宝，使学生能够获得快乐、健康和幸福的人生。

要把信、解、行、证四个步骤结合起来，形成道德意识的转变，并且将知识内化为个人的价值观或人生哲学，最终体现在日常行为与活动中。因此，在优秀传统文化教育教学活动中，还应考虑搭建各种形式的活动平台，赋予优秀传统文化以时代精神和活力，让学生在实践活动中体验中华优秀文化的精髓，并在体验中感悟、内化，最终促进其自我发展。同时，在实践的过程中，学生成为优秀传统文化的探究者和关怀者，并身体力行成为社会改造的行动者，不但能使学生感受到中华优秀文化的博大精深，还可增强他们传承民族文化、提高道德素养的自觉性与责任感。

总之，中华优秀传统文化是我们中华民族的血脉，中华民族辉煌的历史是国家的根基。不忘历史，才能开辟未来；留住血脉，才能走向复兴。作为一名教育工作者，要紧密结合时代特色，让优秀传统文化走进校园，走进课堂，走进学生，为优秀传统文化创造良好的学习氛围，在各学科的知识讲授中传承和发展中华优秀传统文化。

第四章 高校中华优秀传统文化教育的整体性设计

弘扬中华优秀传统文化，要与当代社会相适应、与现代文明相协调，保持民族性，体现时代性。作为新时期中国社会和文化发展新趋势的引领者，高校要培养社会主义合格的建设者和可靠的接班人，就必须主动应对多元文化的冲击，积极加强中华优秀传统文化教育。在多元文化背景下，高校应从整体性的角度，对中华优秀传统文化教育进行全面规划。

第一节 高校中华优秀传统文化教育整体性设计的基本原则

对高校中华优秀传统文化教育进行整体性设计要遵循四个原则：教学内容要与教学环节相一致，优秀传统文化教育要与校园文化建设相一致，优秀传统文化教育要与学生的日常生活相统一，优秀传统文化教育要与学生的社会实践相统一。

一、教学内容与教学环节的一致性

在高校大学生思想教育中，不仅要挖掘中华优秀传统文化蕴含的思想观念，也要充分挖掘中华优秀传统文化中的人文精神和道德规范，帮助大学生全面学习和掌握其内涵，并运用到学习和生活中去。通过优秀传统文化教育，让大学生深刻学习和掌握中华优秀传统文化的思维方式、价值取向、伦理观念与理想人格，从而形成一种自强不息的民族精神、修齐治平的家国情怀、崇德向善的道德和"内圣外王"的人格修养。而这些内容是要通过一定的教学环节设计与实施来实现的，所以，在优秀传统文化教育中，首先要确保优秀传统文化教育内容与教学环节的一致性。

（一）教学设计科学规范

优秀传统文化课程的教学设计主要包括教学目标、教学内容、教学方法、教学评价等几个方面。教学目标是指在教学活动中所期待得到的学生的学习结果，教学活动以教学目标为导向，且始终围绕实现教学目标和教学内容而展开。

1. 教学目标设计

高校中华优秀传统文化教育教学目标的设计一定要符合高校本科学生思想教育目标的基本要求。首先，教学目标的陈述必须是明确、具体、科学和规范的。其次，教学目标不仅应包含单一的学习成果，而且应该包括各个方面的成果，即教学目标应该具有完整性，要使教学目标与课程目标相一致，要包含该课程的所有重要成果。课程目标应从知识和能力、过程和方法、情感态度和价值观三个维度设计。除课程总目标外，还有学段目标、学年目标、学期目标、单元目标，分别体现在课程计划、课程标准、教师参考用书等内容当中，这样才能使课程目标构成一个完整的体系。最后，教学目标必须更多地关注学生的特点，要与学生的年龄水平、经验背景、需要及兴趣相关。只有从学生现有的知识水平和理解水平等发展水平出发，将课程目标具体化，才有可能将优秀传统文化内化为学生学习的成果。

2. 教学内容设计

要合理地设计教学内容，教学内容的设计要涵盖课程的主体内容，要针对大学生的知识结构、理解能力、身心发展规律、接受情境等诸多因素，对教学内容进行科学合理的设计。合理安排不同教学内容的教学活动，并具体落实到每个知识点，用实例和注释深刻阐述教学内容的重点和难点，把优秀传统文化的理论与大学生的生活实际结合起来，让大学生学有所用，用有所依。

3. 教学方法设计

中华优秀传统文化的传承和发扬在于不断学习，学习的根本在于教学，而教育与学习重在方法，教学有法，教无定法，贵在得法。

在高校优秀传统文化教育教学中，教学的形式可以采用呈现方法、实践方法、发现方法、强化方法。教师教的方法包括讲授法、提问法和论证法等；互动的方法包括班级讨论、小组讨论、学生分享、小组设计等；学生个性化的方法包括程序教学、单元教学、查阅资料、总结分析、比较分类等；实践的方法包括现场观察、实训、见习等。

（二）教学形式灵活多样

如何把中华优秀传统文化教育融入课堂教学，让课堂教学生动活泼、科学有效，促进学生身心全面健康发展，这是当前课程改革和教育实践中面临的重要问题。

传统文化的教学形式可以灵活多样，如可以采用讲授法、讨论法、直观演示法、读书指导法、任务驱动法、参观教学法、自主学习法等。

要常结合中华优秀传统文化中的案例进行解析，在课堂教学中将教师的讲解和学生自主学习结合起来，互相促进，共同提高；通过理论与实践相结合，进一步对教师在课堂教学中讲授的知识内容进行巩固和强化，使大学生能够加深对所学知识的理解和掌握，而且使所学知识的深度和广度不断深化和延展。

要将现代的教学手段不断地融入传统教学手段之中，恰当使用信息化技术进行优秀传统文化教育。在教学中尽量收集适应新形势的、形象生动的教学材料，包括音频、视频和图片等，强化课堂教学对学生的吸引和感染；要旁征博引，触类旁通，将中华优秀传统文化教育和学生的日常行为有机结合起来，拓展高校大学生道德教育的渠道和视野，在学生视野开拓和教育针对性加强的过程中不断提升教育教学工作的实效性，努力培养德才兼备、素质全面、适应社会的高素质人才。

（三）教学评价准确客观

教学评价是依据教学目标对教学过程及结果进行价值判断并为教学决策服务的活动，是对教学活动现实的或潜在的价值做出判断的过程。其核心环节是对学生学习效果的评价和对教师教学过程的评价，评价的方法主要有量化评价和质性评价。教学评价的首要功能是导向功能，即保证各级各类学校的教学活动符合教育方针和教学目标，规范教师的教和学生的学。

高校优秀传统文化教育教学已经初步融合课程与教材体系，而且越来越规范和完善，与德育和思想政治教育课程相结合共同发挥着思想教育作用，起到了明显的教育效果。纵观优秀传统文化教育教学相关研究，多是突出其重要意义和教学内容，而较少关注教学评价的功能。在传统文化教学评价中，应该淡化知识和能力目标，重视过程和方法的隐性教育功能，确定情感导向，构建以情感教育为导向的监测指标评价体系，为传统文化教学评价的具体实施提供理论基础和学理支撑，并进一步探究教学效果的量化评价和质性评价的有机统一。

大学生普遍比较关心最终的考核成绩，所以评价与考核可以成为学生主动学习的指挥棒。如今在大学生中开设优秀传统文化课程，并不仅仅是为了帮助学生了解和掌握书本内容，更重要的是为了让学生明确礼仪行为规范，知道自己哪些事不能做，哪些事可以做，向古圣先贤学习，帮助大学生具备良好的人文素养，为其走上社会奠定坚实的基础。过去的期末考核通常旨在考核学生记忆课本的能力，没能体现高校中华优秀传统文化课程的教学目的。因此，大学生最后的总体评价即最终成绩应该是综合课堂表现、社会实践、日常言行、期末考试等多方面的整体得分。期末考核可以采取闭卷、开卷、命题论文、面试等多种形式，也可以让学生联系自己的学习和生活实践，撰写研究报告和心得体会。重视对学生学习过程的评价，在期末考核评价时加大平时成绩在总评成绩中的比例，尤其是重点考核学生参与实践教学各个环节的表现，从客观上督促学生了解更多的中华优秀传统文化，更好地达到优秀传统文化的教育效果。

综上，要依据教育目标，保持教学目标和学习目标的一致性，保持教学内容和教学环节的一致性。在优秀传统文化课程教学中，应从以下六个方面来考察教学效果：一是目标与所设问题的一致性；二是目标与讨论方式的一致性；三是课程目标与教学环节的一致性；四是教学目标与教学评价的一致性；五是教学内容与教学环节的一致性；六是课前评价、课中评价与课后评价的整体性和一致性。

在优秀传统文化课程教学中,教师要设计与学习目标、教学内容与教学环节相匹配的评价方式,以此来评判学生的学习状况,从而进行及时的测评与反馈。在教学中,教师是课程的执行者,也是课程的创新者和研究者。教师必须从分析学生学情出发,从教育目的出发,从教学内容出发,将目标与原则、学习与评价、方法与方式、内容与环节联系起来进行统一安排和设计。

教学设计实例参见第一节后附录一:"《论语》思想"教学设计。

二、优秀传统文化教育与校园文化建设的一致性

优秀传统文化教育与校园文化建设具有一致性。一方面,中华优秀传统文化融入校园文化建设,是校园文化建设的一部分;另一方面,校园文化建设也是优秀传统文化教育的一个重要渠道,对大学生综合素质的提高和优秀品格的形成,有着重要的意义。

中华优秀传统文化传承和发扬需要后继有人。大学生精力旺盛、思维活跃,容易接受新事物,是传承中华优秀传统文化的有生力量。中华优秀传统文化融入校园文化建设意义重大。充分利用大学生的独特优势,发挥校园文化的育人功能,能很好地培养大学生成为中华优秀传统文化的传承者,让中华优秀传统文化代代相传。

课堂教育与校园文化是相互影响、相互匹配的,每个学校都有其独特的校园文化,这种校园文化时时刻刻浸润着大学生的心灵,并使之在这个文化土壤中滋养成长。同时校园文化是有土壤的,而这个土壤就在课堂中,通过课堂教学这个土壤,校园文化发芽、开

花和结果,我们在课堂传递和倡导什么样的文化,就必然会在校园中营造出什么样的氛围。校园文化和课堂教学是互相影响和互相作用的,校园文化无时无刻不在影响着校园内的大学生的思想和行为,大学生所受到的思想和行为的影响也必然会体现在课堂中,会在课堂教育的过程中不断地表现出来,在学习和思考中发挥作用。因此,要开展好中华优秀传统文化教育,把优秀传统文化教育落到实处,就要结合课堂教学的目标和内容,认真审视我们的校园文化,通过有意识、有目的的行为和活动努力构建与课堂教学相一致、相促进的校园文化。

优秀传统文化教育要与校园的物质文化融合。每个学校都有着不同的发展历史,也有着不同的校园物质文化风格,校园环境的文化内涵及人文精神在一定程度上是通过物质文化来传递的。高校可以通过实用、精巧的校园景观设计,将校园物质文化融入其中,以推动中华优秀传统文化与校园文化的有机结合,这对学生的思想有潜移默化的作用。比如在校园的绿化带设立凸显地域特色和风格的艺术造型;在校园内树立各专业方面的领导人物的塑像,展板上张贴领军人物的成果及他们对社会的贡献等内容,也可以张贴名人名家的名言警句等,展现他们的思想风格和精神;开辟传统节日场所的彩色灯光或节日喷泉等内容,以景渲染传统文化氛围等。通过这些物质载体,使得学生的爱国、爱家精神以及民族自豪感油然而生,从而彰显校园物质文化的活力。

优秀传统文化教育要与校园的精神文化融合。校园文化建设除了物质文化建设以外,还包括精神文化的塑造。精神文化的塑造可以提炼中华优秀传统文化的精髓,比如用校训来表现学校的传统文化思想。校训是一个学校的灵魂,体现了一所学校的办学传统,代表着校园文化和教育理念，是校园人文精神的高度凝练，是学校历史和文化的积淀。一所老牌学校的校训为我们打开其历史文化之门提供了一把金钥匙，为我们眺望其精神家园打开了一扇窗户。也可以通过校徽来体现校园文化，校徽彰显了学校的办学理念和人文精神，突出了学校独特的文化内涵和精神底蕴。校徽是根据学校办学理念、办学特色以及在办学过程中沉淀和积累起来的人文精神设计出来的，在很大程度上代表了学校的精神和价值取向。校歌也是充分体现学校的传统文化思想观念、价值观念的文化载体，是表现学校整体形象的音乐载体，是学校教育理念、校园精神、办学特色和优良传统的集中体现，是学校优良校风及教风、学风的高度概括，是引领学校发展方向的精神宣言。从两千多年前孔子创办私学开始，"弦歌不辍"就成为形容学校生活的一句传统用语。这些形式，都充分体现了传统文化的思想精髓。

优秀传统文化教育要与校园文化活动融合。校园文化活动为学生展示了校园独特的文化个性，也为学生学习优秀传统文化、展示自己的才能提供了广阔的平台，使他们的业余生活变得丰富多彩。学校团委可以通过社团活动等形式，开展丰富多彩的社团活动，根据学生的特点适时地进行优秀传统文化教育，如校史展览、书法绘画展览、优秀校友展示、国学知识讲座、传统文化知识竞赛、历史话剧比赛、古诗古文朗诵比赛、优秀传统文化微电影大赛、历史事件演讲比赛、辩论赛、名人报告会等。力求通过开展多种校园文化活动，让学生亲身感受到校园文化的魅力，使大学生对优秀的民族文化与传统美德产生认同，激发大学生学习和传承中华优秀传统文化知识的热情，提高学生的民族认同感和民族自信心，使他们能够真正继承并弘扬中华民族精神。

三、优秀传统文化教育与日常生活的统一性

随着中国现代化转型的深入，中华优秀传统文化对日常生活产生了深刻的影响，一方面它使日常生活更加丰富，另一方面它促进了日常生活的审美化、非意识形态化和理性化。所以高校优秀传统文化教育，一定要注重实践与养成、需求与供给、形式与内容的结合。把中华优秀传统文化内涵更好、更多地融入生产、生活的各方面，不但要学习优秀传统文化思想和理论，而且要在日常生活中践行，这样优秀传统文化才能焕发生机和活力，才能深入人心，激发起人们认知、了解、保护与传承的热情，从而发挥优秀传统文化的巨大作用。

要挖掘优秀传统文化的现代性因素。优秀传统文化的传承和发展有着深厚的历史积淀，只有当新的文化形态与优秀传统文化互相结合、互相作用，才能使传统文化不断发扬光大，社会才能不断前进。当代中国的现代化发展，使得经济、政治和文化领域都发生了一系列的变化，这些变化要与优秀传统文化有机结合，充分挖掘优秀传统文化的现代性内涵，使之能够积极应对社会结构转型对高校大学生的挑战，这也是优秀传统文化真正嵌入高校大学生现代生活的关键环节。

要将优秀传统文化融入高校大学生的生活。注重实践与理论、习惯与自觉、需求与灌输、形式与内容相结合，把中华优秀传统文化内涵更好、更多地融入学生生活的各方面。深入开展"我们的节日"主题活动，实施中国传统节日振兴工程，丰富春节、元宵节、清明节、端午节、七夕节、中秋节、重阳节等传统节日文化内涵。

加强对传统历法、节气、生肖、饮食、医药等的研究阐释、活态利用，使其有益的文化价值深度嵌入学生的生活。将创造性转化和创新性发展作为指导传承发展中华优秀传统文化的一大基本原则。按照时代的新进步、新进展，对中华优秀传统文化的内涵加以补充、拓展、完善，增强其影响力和感召力，让中华优秀传统文化在高校扎根、开花、结果。

要将优秀传统文化思想与大学生道德思想相结合。中华优秀传统文化博大精深，是中华民族的突出优势，是思想理念、传统美德和人文精神的有机统一，自古以来就对社会道德建设发挥着重要作用，不论时代如何变幻，这种文化助推精神的作用始终存在，在思潮多元、利益多局的新形势下则更显著，因此，应当进一步推动优秀传统文化融入大学生思想道德建设，把中华优秀传统文化的思想融入学生的思想之中，促进大学生的良好思想品格和道德修养的形成。

强化大学生对优秀传统文化的进一步认识，以大学生的自信、自强、自警、自律促进优秀传统文化融入道德建设。优秀传统文化的继承和弘扬在很大程度上以大学生的认知为基础，中华儿女的"根"和"心"在时代的演绎中同脉共生，就在于凝聚于文化之中的共识。要加强宣传，推动优秀传统文化进教材、进课堂、进作品、进网络、进家庭，从时间上和广度上让更多大学生知其源头、明其现状；要培养大学生开放包容的心态，正确对待外来文化，取其精华；帮助他们自觉明史、读诗、学理，让大学生找到自身行为与文化的相同轨迹，以一次次升华的文化自信激发道德建设新触点。

四、优秀传统文化教育与社会实践的一致性

中华优秀传统文化是中华民族集体智慧的结晶，通过社会实践

活动来学习优秀传统文化，可以不断提升个人素质和品质，激发大学生对优秀传统文化的兴趣和热情，为其接受深层次的精神内核打下了良好的基础。在社会实践过程中，大学生能够接触到大自然给予我们的宝贵文化遗产，这些文化包含着先民对自己资源的认识，对开发自然的态度，包含着对当前生产的要求，对未来生活的向往。参加这种社会实践，无疑能够使学生更加清楚地认识到个人在自然和社会中的位置，实现内心世界和外部世界的统一，树立起正确的人生观和世界观；还有利于培养大学生宠辱不惊的态度和百折不挠的进取之心，能够使大学生具有良好、乐观的生活态度和坚忍的意志，促进大学生的全面发展。

为了确保优秀传统文化教育实践活动的教育意义，社会实践基地必须进行仔细的调查研究，必须符合大学生的特点和学校自身特色文化的精神价值和内涵。要明确优秀传统文化教育的目标，在社会实践中开展优秀传统文化教育，培养学生的道德修养和家国情怀，促使他们形成良好的道德品质，提升大学生的民族自豪感。同时，我们还要不断深化大学生社会实践的内涵，大学生优秀传统文化教育实践不应局限于学习知识、调查情况、掌握技能，还要在此基础上有意识地引导学生展开对现实社会问题的思考，思考国家的发展和民族的复兴，思考如何把个人命运与国家命运结合起来，着重培养学生积极参加实践、努力服务他人、奉献社会的思想意识和观念。通过社会实践，让学生能真正地感受和接触改革开放以来社会主义现代化建设的新成就，进而增强民族自信心、国家认同感、文化认同感和社会制度的优越感，最终通过社会实践不断培育和升华中华民族精神。

社会实践基地的优秀传统文化教育意义重大，并且面向不同阶段的大学生群体，任务繁多，因此在明确教育目标的同时，学校一定要加强组织管理，确保课程的针对性和有效性。在活动开展中，要保障学生的参与度，激发学生对优秀传统文化的兴趣，从了解到体验再到个人感悟，帮助学生形成一条完善的知识学习链条。

加强大学生社会实践基地建设，应当从实习基地抓起。从整合当地社会资源和文化资源入手，联合教育行政部门、学校和家庭，共同建设稳定的实践基地，有计划、有组织地引导大学生积极参加实践活动，通过参观学习、生产劳动等形式帮助大学生感受优秀传统文化的精神内涵。在大学生社会实践基地建设过程中，要注重完善社会实践基地的结构和功能，形成类型多样、功能齐全、教育结构完善的实践基地，充分发挥社会实践活动的优越性，推动大学生全面学习和践行中华民族优秀的传统文化精神。

要突出社会实践中教师的作用，鼓励传统文化理论知识深厚、社会实践经验丰富的教师积极参与实践，这是保障大学生实践活动有效开展的前提。在实践活动中，教师不仅要传授优秀传统文化方面的理论，而且要善于组织优秀传统文化实践活动，启发、引导学生在实践中感受中华民族的优秀传统文化，使优秀传统文化的核心精神能够贯穿在大学生的其他学习和生活层面，提升大学生的理解效果。另外，还要对指导教师进行积极有效的考核，通过明确工作任务、职责和工作内容，制定科学合理的考核制度，定期或不定期地根据教师的工作态度、工作成效来考核和评价传统文化实践指导教师，以激发教师的积极性和创造性，保障优秀传统文化教育的实践效果。同时还要创造良好的学习氛围，为实践活动的开展提供保障。在政策上、财力上给予教师支持，加大在实践活动研究、外出考察等经费上的投入，保证优秀传统文化的社会实践效果。

附录一 "《论语》思想"教学设计

一、课程的性质和教学目标

"《论语》思想"是面向全校本科专业学生开设的一门公共选修课程。本课程精选儒学经典《论语》中适合大学生修身、立志、交友、求学的内容，帮助学生了解传统文化思想，全面理解传统经典著作《论语》的内容和思想精华。通过对该课程的学习，要达成如下目标。

1. 知识和能力

（1）掌握《论语》的内容和思想；

（2）了解《论语》中表达修身、立志、交友、求学等专题的内容；

（3）培养运用网络信息技术收集、加工和信息处理能力；

（4）培养学生的团队精神和创新能力。

2. 过程和方法

（1）通过课前自学与课中探究，培养自主学习能力；

（2）能联系原著，结合自身实际，展开专题思辨，培养思辨能力，在过程中感受经典的魅力。

3. 情感态度和价值观

（1）感受并学习孔子的深邃思想；

（2）感受和学习孔子的人格魅力；

（3）提高大学生的视野，提升大学生的思想境界；

（4）树立大学生为生民立命，为万事开太平的远大理想；

（5）提高学生的文化素养和综合素质。

二、教学方法

本课程主要采用研究性学习方法，运用信息技术采用个性化学习、交互式学习、讨论式学习等方法。

三、教学内容

《论语》概述，孔子和弟子，《论语》与学习，《论语》与孝悌，《论语》与仁爱，《论语》与人生，《论语》与政治，《论语》和教育，《论语》与礼仪，《论语》与忠恕，《论语》与行为，《论语》与名利，《论语》与法制。

四、学时和学分：32学时，2学分

五、教学内容与学时分配

章节	理论学时	实验学时
第一章 《论语》概述	2	0
第二章 孔子和弟子	2	2
第三章 《论语》与学习	2	0
第四章 《论语》与孝悌	2	0
第五章 《论语》与仁爱	2	0
第六章 《论语》与人生	2	0
第七章 《论语》与政治	2	0
第八章 《论语》与教育	2	0
第九章 《论语》与礼仪	2	0
第十章 《论语》与忠恕	2	0
第十一章 《论语》与行为	2	0
第十二章 《论语》与名利	2	0
第十三章 《论语》与法制	2	0
第十四章 期末复习	2	2
总计	28	4

六、教学过程设计——"《论语》概述"示例

1. 导语设计

用提问法引出古代伟大的思想家、教育家孔子，然后播放孔子系列影像，再介绍孔子世家，引出《论语》。

2. 介绍和分析《论语》主要思想和内容

归类介绍和分析《论语》的十三个重要思想。

3. 任务分工

分组：分成三组，第一组研究孔子生平，第二组研究《论语》中的主要思想，第三组负责归纳整理。

布置任务：第一组查找并阅读有关孔子的资料；第二组研究归纳《论语》的主要思想；第三组负责归纳整理；三个小组一起在讨论区发表自己的感想。

4. 合作探究

小组成员充分交流：利用讨论法形成共同意见和观点，分类整理发送到讨论区作为成果汇报。

5. 评价

6. 成果汇报

口头汇报、讨论区发布成果、回答同学和老师的提问、用PPT演示。

七、课程特色

本课程紧紧围绕课程性质和教学目标对教学方法、教学内容进行系统设计，高度体现了教学内容与教学环节的一致性。

1. 突出综合性

本课程既有学习目标的综合，又有学习内容的综合；既有学习

形式的综合,又有评价形式的综合。

2. 强化新理念

本课程充分体现了教学目的和教学理念的结合,"《论语》思想"课程旨在用中华民族优秀思想和智慧来教育学生,促进学生健康成长。在课程中,将民族精神的教育渗透在学生的灵魂深处,有利于培养学生健康积极的情感、态度、价值观。

3. 讲究逻辑性

本课程把深奥的《论语》中所蕴含的人文思想,特别是《论语》中表现出来的民族精神教育的具体内涵提取出来,设计了"引言—任务—讨论—分析—结论"等环节,层层递进,符合学生认知规律和教育目的要求。

4. 注重研究过程

本课程采用自主合作探究的学习方式,教师不仅重视对群体学习框架的指导,也注重对学习过程和研究方法的指导,鼓励学生积极探索和归纳总结,并概括出思想实质。

5. 注重结论生成

通过以上步骤,基本能使学生得出如下结论:(1) 中华传统文化的内容丰富,思想深邃,具有大智慧;(2) 形成《论语》思想的主体框架,便于大学生对《论语》思想的全局把握;(3) 培养学生运用信息技术收集、加工、处理信息的能力。

以上方法和形式紧紧围绕《论语》中的传统文化的智慧和思想,在学习结果上,通过对"《论语》思想"课程内容的学习,培养了学生的合作意识和创新能力,使大学生受到较好的思想道德教育、审美教育、情感教育,较好说明了教学内容与教学环节的一致性。

第二节　高校中华优秀传统文化教育体系的设计

2014年3月，教育部印发的《完善中华优秀传统文化教育指导纲要》明确提出："围绕立德树人为根本任务，以弘扬爱国主义为核心的团结统一、爱好和平、勤劳勇敢、自强不息的民族精神为主线，以推进大中小学中华优秀传统文化教育一体化为重点，整体规划、分层设计、有机衔接、系统推进，促进青少年学生全面发展，培养富有民族自信心和爱国主义精神的社会主义事业建设者和接班人。"2017年年初，中共中央办公厅、国务院办公厅印发了《关于实施中华优秀传统文化传承发展工程的意见》，这是第一次以中央文件的形式专题阐述中华优秀传统文化传承发展工作。该文件将中华优秀传统文化"贯穿国民教育始终"列为重点任务之一。这些文件都在传递一个信息：高校中华优秀传统文化教育必不可少且极其重要。

那么，高校中华优秀传统文化教育应以什么样的面貌呈现在学生面前呢？下面逐一进行设计规划。

一、高校中华优秀传统文化教育覆盖大学教育的各个学段

高校中华优秀传统文化必须覆盖大学教育的各个学段，根据不同年级选择不同的教育内容，做到传统文化教育的无缝衔接。

高校中华优秀传统文化教育要贯穿高校人才培养的全过程。落实党的十九大报告提出的"推动中华优秀传统文化创造性转化、创

新性发展"的"两创"方针，坚持马克思主义道德观、社会主义道德观，古为今用、推陈出新，积极开创高校大学生优秀传统文化教育与高校思想政治教育有机融合的全新局面，形成高校思想政治教育的新格局。

在大学一年级，以学习优秀传统文化基本内容为重点，开展优秀传统文化基础教育，培养热爱中华优秀传统文化的情感。在大学二年级，以提高感受力为重点，开展认知教育，引导学生感受中华优秀传统文化的丰富多彩。在大学三年级，以增强理解力为重点，提高对中华优秀传统文化的认同度，引导学生认识我国统一的多民族国家的文化传统和基本国情。在大学四年级，以增强理性认识为依托，引导学生感悟精神内涵，增强对中华优秀传统文化的自信心，以提高自主学习和探究能力为重点，培养文化创新意识，增强传承和弘扬中华优秀传统文化的责任感和使命感。

二、编制完善科学的高校优秀传统文化教材体系

目前，高校优秀传统文化教育教学缺少高质量的教材，教材内容良莠不齐。一些高校开设的选修课程大多依据教师个人的讲义，没有形成规范的教材，这在一定程度上制约了优秀传统文化教育的开展。因此，必须组织国内一些传统文化方面的专家、学者，编写高校优秀传统文化课程所需的教材。

在编写高校优秀传统文化教材时，要遵循以下几个原则。

首先，所编写的教材一定要符合高校的教育方针。我国高等教育肩负着培养德、智、体、美、劳全面发展的社会主义事业建设者和接班人的重大任务，必须坚持正确的政治方向，以立德树人为核

心，构建优秀传统文化教材体系。

优秀传统文化教材大体分为如下三部分内容。一是文本类的内容，包括文艺作品、史学作品、学术著作、宗教文献等。这类内容一定要多诵读，没有长时间的诵读，很难理解原文及其背后深刻的文化思想和内涵，文本类的内容是传统文化的核心。二是知识类的内容，包括古代传统习俗、古代社会制度、古代生活常识等，这部分内容不一定需要阅读文本才能完成学习。比如，我们想了解孔子和老子，不一定要看他们的著作，通过电视等媒体看他们的故事或传记，也能了解他们的一些思想，也能完成教育。三是技艺性的内容，这一类内容可以不依赖文本来学习，比如舞蹈、书法、茶艺等，这些内容即使倒背如流也不一定能掌握其技巧，必须要练习并接受老师的指导，才能学好和领会。

其次，高校优秀传统文化教材不仅要体现优秀传统文化精神、文化知识、道德行为规范和价值取向，还要注意内容的实用性、科学性和时代性，使所选内容与当前大学生的日常生活、思想趋向息息相关。

再次，优秀传统文化教材的编写要考虑学生的学习能力，要立足于中华优秀传统文化基本内容的普及，注重学生基本素养的培养和提高，因此内容不宜太深。现在的部分传统文化教材内容在各自的专题内阐述得过深过细，使得学生一时难以接受消化，而且知识面也很窄小，不能帮助学生全面系统地了解传统文化。

最后，优秀传统文化教材的编写要注重综合性和专题性的结合，这就要求优秀传统文化教材内容要分成两部分：第一部分是优秀传统文化综合性的呈现教育，要求内容宽而广；第二部分是专题文化教育，以优秀传统文化的各个专题为对象，要求内容狭而深。在编写优秀传统文化教材时,教材内容的选择应体现综合性,避免让学生只见树木不见森林。编写能反映传统文化发展全貌内容的教材,让学生能从整体上认识中华优秀传统文化的博大精深,不致陷入零碎的专题中。在学生对优秀传统文化内容有了全面的了解,具备了整体感后,再进入专项内容的学习。对于综合性的优秀传统文化教育,应该采取必修的形式,并计入学生的学分;专题文化教育则可针对不同的专业有针对性地展开,采取选修形式。同时,优秀传统文化教材的专题文化部分可以根据学校的专业设置进行编写,重点突出与专业方向一致的专题,将专业和优秀传统文化内容挂钩。优秀传统文化内容非常丰富,内容涵盖诸多方面,专题设置也应本着求全的原则尽可能多地涉及所有传统文化内容。

依据上面的教材编写原则,高校传统文化教育的教材内容主要可以分为以下七个模块。

一是儒家经典模块。主要包括《大学》《中庸》《论语》《孟子》《诗经》《尚书》《礼记》《易经》《春秋》《孝经》等内容。

二是史学经典模块。主要包括《三国志》《晋书》《史记》《汉书》《资治通鉴》等内容。

三是诸子百家经典模块。主要包括《墨子》《荀子》《韩非子》《孙子兵法》《公孙龙子》等内容。

四是文学经典模块。主要包括"中国古代文学史""唐诗研究""宋词研究""文选研读""中国古代戏曲研究""楚辞研究""音韵学""训诂学""古文字学"等。

五是道家和佛学模块。主要包括《道德经》《太上感应篇》《佛学基础》《心经》《金刚经》《净土五经》《楞严经》等。

六是家训模块。主要包括《朱子家训》《诫子书》《曾氏家训》

《周公诫子》《了凡四训》等。

七是大学生礼仪规范模块。主要包括"大学生常用礼仪""常礼举要"等。

三、开设中华优秀传统文化必修课程和选修课程

近些年来，随着我国高等教育的不断深入、综合国力的提升以及国际影响力的日益增强，中华民族优秀传统文化的传播速度也在不断地加快，在高校和社会广泛兴起了弘扬优秀传统文化的热潮。在各类院校中华优秀传统文化教育中，本科教育因为其教育对象是思想最为活跃的青年学生，而且优秀传统文化教学也没有固定的模式可循，因而相应的中华优秀传统文化课程开设的门数以及内容的深度、难度、广度等问题都有很大的不同，也存在着很大争议。

目前我国高校优秀传统文化课程主要有通识教育和精英教育两种形式。在通识教育方面，很多高校已经开设了中华优秀传统文化的选修课程，并出版了中华优秀传统文化方面的一系列教材和专著；有的高校开设了面向全校学生的公共必修课程，后来转为选修课程；有的高校开设了中华优秀传统文化的通识课程。在精英教育方面，一些高校创办人文科学试验班，招收国学方面的本科学生；有的高校在国内率先创办国学试验班；还有的高校正式成立了国学院，开展本硕连读的国学教育等。这些举措极大地推动了高校中华优秀传统文化教育的开展，为高校中华优秀传统文化教育的进一步开展积累了非常宝贵的经验，取得了很好的效果。

大多数高校在中华优秀传统文化教育方面，开设"大学语文"，除"大学语文"外，其他课程基本上都是作为公共选修课程开设的，

因而，在课程设置数量、学时安排、教材编写、师资配备、学生的选课范围等诸多方面都缺乏相应的保障，致使高校优秀传统文化教育教学效果不是非常理想。

（一）开设中华优秀传统文化必修课程

中华优秀传统文化必修课程开设的出发点是有利于培养大学生的文明思想和行为，丰富大学生的精神世界，促进大学生的全面发展；有利于大学生继承和发展中华优秀传统文化，使中华优秀传统文化在继承中发展，在继承中创新；有利于弘扬中华文化和民族精神，提高民族自信心和自豪感，建设中华民族共有的精神家园；有利于提升大学生对中华文化价值的肯定，激发当代大学生对自身文化生命力的坚定信念，明确大学生发展中华传统文化的历史责任，使大学生勇于担当，勇于实践；有利于提高当代大学生的科学文化素养和思想道德品质。

高校要进一步加强大学生中华优秀传统文化教育教学，适当增加新课程，增加学时数，构建新的中华优秀传统文化课程体系。增设有关中华优秀传统文化方面的必修课程，针对文学专业和国学等专业的学生而言，"大学语文""古代汉语""现代汉语""国学概论"等概括性的课程可以作为专业必修课程；而作为普通本科大学生而言，"中华传统文化通论""中国优秀传统文化大学生读本""中华传统文化概论""中国文化课程导读"等可以作为公共课程；而"中西文化比较""中华传统文化论坛""中国传统文化十讲"等专题课程以及原著类课程，应该作为专业选修课程或者公共选修课程出现。

中华优秀传统文化必修课程实例参见第二节后附录二："中华传

统文化概论"课程教学大纲。

（二）增设中华优秀传统文化选修课程

选修课程建设是深化普通高校课程改革的重点。如何兼顾高校各专业、各学科的特点，以及学生的兴趣，行之有效地开发、设计中华优秀传统文化选修课程，培养学生的传统文化素养，成了一个亟待解决的问题。同时，选修课程从国家课程到地方课程再到校本课程，课程体系立体清晰，怎样兼顾国家课程的价值追求与地方课程、校本课程的个性化、创造性开发，成为优秀传统文化开发设计选修课程的难点。

1. 高校中华优秀传统文化选修课程存在的主要问题

（1）活动场地和环境不能满足选修课程的需求。由于选修课程的开设以及学生的选课人数都不能确定，因此，一些学校没有准备更多的适合选修课程的场所和设备。比如茶文化与茶艺展示课需要对不同时期、不同类别的茶进行展示，同时还要准备茶室、茶具等，以方便学生直观学习。

（2）没有配套的传统文化教学基地。选修课程讲授的内容要有与之相应的传统文化教学基地，有的传统文化内容，比如昆曲、京剧、相声、剪纸等，如果没有相应的实践基地或工作坊，就达不到理想的教学效果。

（3）供学生选择的选修课程和每门课程的人数设定与学生的需求不适应。一些学生相对更感兴趣的课程，因人数有限，一部分学生只能被动地选择自己并不想学的课程，从而影响后续的学习积极性。

2. 开设中华优秀传统文化选修课程的实施过程

巧借本地特色设置选修课程，有效地传承当地非物质文化遗产。学校在选择选修课程内容时，可以结合当地特色，与当地非物质文化遗产传承人建立联系。以潍坊为例，这座历史文化名城蕴含着丰富的传统文化，潍坊风筝、木版年画、高密扑灰年画、诸城古琴、高密剪纸、核雕、刺绣、昌邑小章竹马、高密秧歌、青州花毽等，一系列非物质文化遗产带给我们的不只是潍坊当地厚重的文化传统，还有浓厚的文化底蕴。在潍坊当地高校，可以建立潍坊传统文化相应内容的选修课程，并建立非物质文化遗产传承教育基地和工作坊。

有意识地培养一支校内相对专业的选修课程师资队伍。根据本地地方特色、本校师资以及学生的基础等情况，结合可以作为学校长期开设的选修课程，选择有一定兴趣特长和一定专业背景的老师，并定期安排专业培训，培养一支本校专业的选修课程师资队伍，以确保选修课程开设的质量。

尽可能地将选修课程的开设与学校的专业设置结合起来，将选修课程的开设与当地的创业基地建设结合起来，将选修课程的开设与学生的社团组织有机结合起来，将选修课程的开设与文化特色结合起来。

合理安排选课班级和选课人数。根据学生的需要，开设数量相当的选修课程，这就需要提前对学生的选课倾向进行调研。针对选修人数较多的同一课程，可以适当增加班级容量；或者设置多个班级，由多位教师承担教学任务。针对选修人数较少的课程，可以适当减少人数设置。

建立合理的考核机制。为调动全体老师选修课程的任课热情，学校要建立合理的考核机制，将是否担任、任课效果等一并纳入师资考核中，在评优选模上给予政策上的倾斜。基于选修课程是专业教学任务之外的工作量，虽然选修课程课时不多，但备课和查找相关资料需花费很多精力，所以学校要积极肯定老师的付出，给予选修课程的教师适当的课时补贴，以调动教师的积极性。

3. 开设优秀传统文化选修课程应该注意的问题

中华优秀传统文化选修课程的开发设计要凸显时代性，既要符合高校教育目的的要求，又要贴近学生的生活实际，借助学生的生活体验及其原有的知识储备，做到有的放矢，真正使中华优秀传统文化教育落到实处。

中华优秀传统文化选修课程的讲解要兼具知识性和趣味性。在选修课程中尽量多地引入传统文化中的典故、历史故事等内容，增加学习的趣味性，让大学生在快乐中学到传统文化知识。中华优秀传统文化中的典故都从社会生活中长期积淀而来，与现实生活有着千丝万缕的联系，有着非常好的教育意义，合理地引用典故，常常能使同学们在潜移默化中习得知识，在欢乐中接受文化，在学习中提高智慧。同时，所选的典故材料要典型生动、活泼有趣，且具有深厚的文化内涵和丰富的寓意，最好是同学们知道、了解，但未上升到理论的内容，这样能接近学生学习的兴奋点，从而使得学生们愿意积极参与，更有利于培养学生探索的精神和能力，提高学生的民族文化品位。

选修课程要尽量结合各学科专业的特点进行设置。将专业学习中可与传统文化结合的点进行归纳、总结。可以开设的中华优秀传统文化选修课程有很多，如"《论语》与幸福人生""佛学与幸福人生""儒释道与三维人生""秦汉法律与社会""《周易》与中国文化""中国传统艺术""初识禅宗""中国戏剧史""中国书法艺术"

"古代建筑艺术"等。

通过不同内容的课程的开设,帮助大学生对中华民族优秀传统文化中的部分内容进行系统、深入的学习,加深他们对优秀传统文化的认知,拓展大学生对传统文化理解的深度。

中华优秀传统文化选修课程实例参见第二节后附录三:"《论语》选讲"课程教学大纲。

四、积极开展校园传统文化活动

优秀传统文化蕴含着丰厚的民族精神和道德理念,是我们在新时代进行青少年道德建设的重要思想养分,对社会主义市场经济条件下的大学生进行世界观、人生观、价值观、理想信念等方面的教育有着极为重要的导向作用。随着"唐宋诗词热""国学热""幼儿读经热"等现象的出现,一方面让我们看到了传承优秀传统文化的热情和希望,另一方面似乎也让我们陷入沉思之中。难道,流传千年的文化就是"背背诗词""走走形式"吗?如何让优秀传统文化与高等教育更好地融为一体呢?除借助课程外,另一个重要的方法就是积极开展校园传统文化活动。

(一)建立优秀传统文化传承基地

2018年5月,教育部下发《关于开展中华优秀传统文化传承基地建设的通知》,决定在全国普通高校开展中华优秀传统文化传承基地建设,并计划到2020年在全国范围内建设近百个传承基地。此举将基地定位在高校,充分发挥高等教育资源优势,既有利于优秀传统文化的传承、传播,又有助于学生开阔视野、提升文化素养。

该通知要求高校要建立健全多种传统文化教育基地，且基地的内容要全，范围要广，要符合大学生学习传统文化的实际；可以开设不同类型的传统文化课程，可以组建不同形式的社团组织，可以在联系点设立传统文化工作坊，也可以与企业和书院联合成立传统文化研究中心等，组织大学生进行内容丰富、形式多样的传统文化实践活动；同时依托学校研究机构、传统文化基地，不断加强研究和社会实践，不断探索新时代背景下中华优秀传统文化传承创新的新路径。该文件不仅为高校建立健全中华优秀传统文化传承基地提供了很好的理论指导，也为高校实施优秀传统文化教育、全面提高大学生的综合素质提供了政策保障。

作为传承中华优秀传统文化的平台，优秀传统文化传承基地已然成为进一步挖掘中华优秀传统文化价值内涵，进一步激发中华优秀传统文化的生机与活力，进一步增强文化自觉和文化自信的一个重要渠道。近年来，越来越多的高校开始探索将优秀传统文化纳入教学体系，通过基地建设，系统开设传统文化课程，以系统性、专业化的教育方式，把优秀传统文化的种子播撒到大学生的心间，让优秀传统文化在大学生思想深处生根发芽。

（二）组织传统节日活动

传统节日习俗中蕴含了丰富的德育内涵，高校优秀传统文化教育一定要在教学中遵循典型性、契合性和创新性原则，通过组织学生参与多种以传统节日为主题的校内外实践活动，达到取得优秀教学效果和进行优秀传统文化教育的双重目的。

中国的传统节日有春节、寒食节、清明节、端午节、七夕节、中元节、中秋节、重阳节等。每个节日都有相应的节日习俗，而这些习俗往往都寓意深远，具有很强的教育意义。

春节、清明节、中元节、重阳节等节日中要虔诚地祭祀祖先，要不忘祖先恩德，心中常念长辈，这宣扬了孝道。而先祖、长辈们亦关爱儿孙们，在春节，长辈要给孩子们"压岁钱"；在端午节，要给孩子涂雄黄、佩香囊、带艾虎等，这些习俗体现了长辈对晚辈的关怀爱护。这些都体现了中华传统文化中敬祖孝先、尊老爱幼的传统美德。

春节的扭秧歌、踩高跷、舞狮子、撑花船，元宵节的走百病，清明节的踏青赏春、放风筝，端午节的龙舟竞渡、悬艾蒲、饮雄黄酒，重阳节的登高啸咏、佩插茱萸，除夕前的除尘送灶等，都昭示了我们中华民族是一个爱劳动、追求健康生活的民族。

春节前大扫除、剪窗花、贴福字、挂年画，元宵节灯会上人们联句咏诗、灯谜竞猜等，既体现了中华民族是一个勤劳智慧的民族，又充分展示了中华民族自强不息、积极进取的精神面貌。

寒食节禁用明火，端午节包粽子、赛龙舟等习俗只为怀念爱国人士介子推、屈原，更弘扬了爱国主义精神。

不管是春节迎新、清明踏青、端午赛舟，还是七夕看星、中秋望月和重阳登高，这些节日习俗都传递了人们对美好生活的向往和祈祷，宣扬了中华民族是一个爱好和平、追求和睦的民族。

由上可知，中华优秀传统文化的传统节日习俗体现了多方面的德育内涵，且这些德育内涵与高校思想政治教育的内容相契合。这就为大学生参与传统节日活动、实现优秀传统文化教育与高校思想政治理论课社会实践的融合提供了前提条件。

以不同的时间节点为契机，开展节日文化大讲堂。内容可以包括春节概览，元宵节来源，上祀节的起源和发展，端午节的传统习俗，七夕节中的中国爱情文化，中秋节的神话传说，重阳节故事和重阳节诗词赏析，腊八节的文化内涵，冬至的内涵及习俗考辨等。

（三）开展校内优秀传统文化教育实践活动

孟子曾说："天将降大任于斯人也，必先苦其心志，劳其筋骨，饿其体肤，空乏其身。"他为我们清楚地阐明，强健的体魄和坚毅的品格是担当大任的先决条件，更指明了通往成功之路应具备的素质——躬身实践。中华优秀传统文化对于当代青年思想境界的提升、良好道德品质的培养等具有十分重要的作用。高校应该积极开展传统文化教育实践活动，搭建系列活动平台，帮助大学生在实践中深刻汲取传统文化中的营养，在实践中完成自我文化教育，从而找到安身立命的价值和意义，更好地规划和实现人生目标。

校内实践活动是学生学习传统文化的重要环节，是巩固和感悟所学知识的一个重要途径，以下列举了几种常见的活动形式。

第一，开展经典诵读活动，营造书香校园。充分利用学校图书馆和读书社等社团，有计划、有组织地向学生推荐优秀传统文化读物和读本，营造浓厚的读书氛围，夯实文化底蕴。

第二，开展文化大讲堂或传统文化专题讲座。聘请校内教师或者校外的传统文化教师，或是在传统文化某一个领域有一定影响的专家、学者、民间艺人等开展文化大讲堂或讲座，发挥文化讲堂的育人功能。

第三，开展各类专题竞赛。如国学知识竞赛、灯谜比赛、经典朗诵比赛、棋类比赛、传统文化征文比赛等，帮助大学生在竞赛中感受传统文化的魅力。

第四，开展各类专题文化展演。如民乐演奏会、汉服文化展、书法绘画展等。

(四) 开展校外优秀传统文化教育实践活动

由于校内活动场景的局限，节日习俗的真实内涵无法得到真正全面立体的阐释，故而要把眼光投向校外，让学生在生活中真正体悟传统文化。具体的活动形式可以丰富多彩。下面列举几例供组织活动时参考。

(1) 拍摄录像或照片：春节的起源蕴含着深邃的文化内涵，在传承发展中承载了丰厚的历史文化。在春节期间，全国各地均有举行各种庆贺新春活动，热闹喜庆气氛洋溢；这些活动均以除旧布新、迎禧接福、拜神祭祖、祈求丰年为主要内容，形式丰富多彩，且带有浓郁的地域特色。可以组织学生拍摄反映春节节庆活动或民俗民风的录像或照片，配上解说词，让学生通过自身的实践活动体会"中国节""民俗情"。

(2) 组织春游和踏青：清明节是传统的重大春祭节日，扫墓祭祀、缅怀祖先是中华民族几千年来留下的优良传统，不仅有利于弘扬孝道亲情、唤醒家族共同记忆，还可促进家族成员乃至民族的凝聚力和认同感。清明节承载了丰富的文化内涵，由于地域文化的差异，全国各地存在着习俗内容上或细节上的差异，但扫墓祭祖、踏青郊游是共同主题。清明节可以统一组织学生开展春游和踏青活动，让学生在接近大自然的同时受到生态文明教育、孝道亲情教育，并且通过这些活动，让他们自觉树立与自然和谐相处的理念。

(3) 民俗民风调查：民风民俗是特定社会文化区域内历代人们共同遵守的行为模式。由于风俗的多样性，在习惯上，人们往往将由自然条件的不同而造成的行为规范差异，称为"风"；而将由社会文化的差异所造成的行为规则之不同，称为"俗"。所谓"百里不同风，千里不同俗"正恰当地反映了风俗因地而异的特点。我国56个民族的风俗习惯也是各不相同的。组织大学生进行民风民俗调查是让他们感受传统文化的重要方式。调查活动可以小组为单位，也可以由学生单个进行，调查的地点可以就近选择学生家庭所在地，可以通过访谈法、观察法和问卷法等进行调查，调查内容可以包括习俗的内容、习俗的产生和发展、习俗的意义和文化价值、如何传承习俗等，并且要形成详细的调查报告。这种调查活动有利于学生对民风民俗的了解，也有助于增强班集体的凝聚力、向心力，构建更加和谐的人际关系、人和社会的关系。

（4）志愿服务实践：优秀传统文化教育还可以采用周末和节假日志愿服务这种社会实践形式进行。在周末休息时间或在传统节日的假期，以班级或二级学院为单位成立志愿服务队，利用重要时间节点开展志愿服务活动，如可以去社区养老院送绿豆糕、月饼和水果等食品，看望和陪伴老人，给老人表演节目、读书，陪老人聊天；还可以去福利院陪伴孩子，给孩子们辅导功课，陪他们读国学书籍等。通过志愿服务活动可以培养大学生尊老爱幼的美德，增强大学生自身的历史使命感、社会责任感，增强他们的公民意识和道德意识，从而更好地理解和践行社会主义核心价值观。

（五）中华传统文化网络实践

在传统文化教育的多种形式中，信息的传播多是单向的。交互性的核心就是参与，网络上的每个人不仅是网络文化的消费者，也是网络文化的生产者和提供者。也就是说，上网者不仅学习和吸收网上的知识、信息、精神、观念等，同样也是它们的缔造者，这种交互方式是人类文化传播方式的革命性变革，极大地增强了文化的影响力和渗透力。高校可以利用网络对大学生加强传统文化教育。要充分发挥网上平台中华优秀传统文化的教育作用，这些平台包括校园网络、微博、QQ群、微信公众号、校园论坛、电子邮件等，通过这些网络平台大力宣传传统文化的发展和内容，使大学生受到潜移默化的教育。现在互联网上已经建立了多个传统文化网站，儒家、道家、佛家也有自己的网站，内容非常翔实和丰富，查询传统文化方面的资料也非常方便，高校要灵活运用不同的宣传方式，从大学生的兴趣爱好入手，以学生喜闻乐见的方式在网络上开展中国传统文化宣传活动，要做到直观生动，以吸引大学生的参与，从而达到良好的德育效果。

在传统文化教育网络实践中，当地政府和学校行政部门应担当起媒体和大众协力传播优秀传统文化的组织者和引领者，积极组织各方力量对优秀传统文化信息进行收集、整理，形成标准、系统和科学的信息库，为优秀传统文化的传播做好内容和形式准备。传统媒体的宣传一定要适时、适机、积极、主动，充分挖掘那些在学生中间较受欢迎的优秀传统文化内容进行传播，让学生实实在在地受到中华优秀传统文化的教育和熏陶。

要充分利用民间传播组织、学校专业网站对中华优秀传统文化进行传播。在优秀传统文化的传播中，传播组织和学校专业网站传播传统文化具有针对性强、交流及时和充分的独特优势，能起到火种作用，星星之火，可以燎原，可对优秀传统文化的弘扬工作起到事半功倍的作用。

附录二 "中华传统文化概论"课程教学大纲

课程名称：中华传统文化概论

课程类别：公共必修课程

一、课程概况

1. 课程的性质

"中华传统文化概论"是普通高校一门重要的人文和社会科学类的教育课程。其宗旨在于拓展大学生的视野，丰富大学生的知识结构，提高大学生的文化素质和人文修养，帮助大学生继承和发扬中华优秀传统文化。

2. 教学目标

通过本课程的学习，学生应达到以下要求：

（1）全面系统地了解和掌握中华传统文化的基本知识和发展历程，让学生树立远大理想，激发学生的爱国热情；

（2）能够从总体上把握中华传统文化的概念、基本精神、基本特性，了解中华传统文化的思维方式，用科学的世界观和方法论来分析中华传统文化的精华与糟粕，继承和发扬中华优秀传统文化；

（3）深入挖掘儒、佛、道传统文化的内涵，深入了解中华传统文化的变革与转型，把儒、佛、道的思想融入大学生学习和生活中，全面提高学生的综合素质，帮助学生继承和弘扬中华优秀传统文化，为社会主义现代化建设服务；

（4）拓展大学生的知识结构，弘扬人文精神，培养学生的科学精神和创新精神。

3. 适用专业、学时与学分

本课程适用于本科院校各专业。总学时54学时，3学分。其中理论讲授44学时，社会实践10学时。

4. 主要教学方法

本课程以课堂讲授为主，以实践教学为辅助，采用音频、视频、图片和PPT等多种媒体教学手段进行教学，采用讨论式和启发式教学，突出教师的主导地位和学生的主体地位。讲解儒、佛、道的基本知识，对传统文化经典进行宣讲，带领学生去敬老院、社区做义工，多参加传统文化实践活动。通过一系列教学活动，激活学生的思维，启发学生对社会、对国家、对自己命运和前途进行理性思考。本课程内容丰富，信息量大，建议把课堂讲授和课下阅读相结合，适时在课上和课下进行师生讨论和交流，提高学生学习中华传统文化知识的积极性。

二、各章教学内容和要求

第一章　中华传统文化概述

（一）基本内容与要求

教学内容：

第一节　文化的定义

第二节　中华传统文化的定义

第三节　中华传统文化的基本精神

第四节　中华传统文化的基本特征

第五节　中华传统文化的思维方式

教学要求：

通过本章学习，了解文化及中华传统文化的概念，掌握中华传统文化的基本精神和基本特征；能够感受中华文化的博大精深，学会从文化的视野观察、分析现实问题。

(二) 教学重点与难点

重点：中国传统思维方式的基本精神

难点：中华传统文化的思维方式

第二章 中华传统社会和文化

(一) 基本教学内容与要求

教学内容：

第一节 中华传统文化的农业经济

第二节 中华传统文化与宗法制度

第三节 中华传统文化的结构

教学要求：

通过本章学习，了解中华传统文化的发展，掌握中华传统文化与农业经济和宗法制度的关系。

(二) 教学重点与难点

重点：中国传统文化的结构

难点：中华传统文化与农业经济的关系

第三章 中华传统文化的发展和演变

(一) 基本内容与要求

教学内容：

第一节 中华传统文化的萌芽

第二节 中华传统文化的统一和多元化

第三节 中华传统文化的成熟与辉煌

第四节 中华传统文化的发展趋势

教学要求：

通过本章学习，了解中华传统文化的发展历程，掌握中华传统文化的发展趋势。

（二）教学重点与难点

重点：中华传统文化的发展趋势

难点：中华传统文化的统一

第四章 儒家文化

（一）基本内容与要求

教学内容：

第一节 先秦儒家人伦

第二节 汉代儒家思想

第三节 宋明儒家思想

第四节 儒家思想的理想人格

第五节 儒家与佛家、道家的关系

教学要求：

通过本章学习，了解我国儒家思想，理解不同时期儒家思想的差异，掌握儒家与佛家、道家思想的关系，熟悉儒家发展的历史。

（二）教学重点与难点

重点：儒家思想的理想人格

难点：儒家与佛家、道家的关系

第五章　中国传统哲学

（一）教学内容与要求

教学内容：

第一节　中国哲学与传统文化

第二节　中国哲学与传统文化的联系

一、原始儒家

二、中国佛学

三、原始道家

四、宋明理学

第三节　中国古代哲学的基本精神

一、天人合一精神

二、厚德载物精神

三、理想主义精神

第四节　儒家思想的现实意义

教学要求：

通过本章学习，了解中国传统哲学的主要特点，掌握中国传统哲学和传统文化的关系，熟悉中国传统哲学的代表人物及其思想。

（二）教学难点与重点

重点：中国哲学与传统文化的联系

难点：中国古代哲学的基本精神

第六章　中国传统宗教

（一）基本内容与要求

教学内容：

第一节　中国原始宗教

一、自然崇拜

二、神灵崇拜

三、上帝崇拜

第二节　中国佛教

一、佛教在中国的发展

二、中国佛教宗派

三、佛教与中华传统文化

第三节　中国道教

一、道教的形成

二、道教的发展

三、道教的信仰

四、道教与中华传统文化

教学要求：

通过本章学习，了解佛教、道教的产生和发展，掌握佛教和道教的基本教义，掌握中国传统宗教对社会的进步意义，能够正确认识和分析宗教对中国人日常生活以及政治生活带来的积极作用。

(二) 教学重点与难点

重点：佛教和道教对社会的进步意义

难点：佛教、道教与中华传统文化的关系

第七章　中国传统伦理道德

(一) 基本内容与要求

教学内容：

第一节　中国传统伦理思想

一、中国传统伦理思想的主要特征

二、中国传统伦理思想与中华传统文化的关系

第二节　中国传统道德规范

一、五伦

二、五常

三、四维

四、八德

第三节　中国传统内圣外王之道

一、传统修身之道

二、传统齐家之道

三、传统治国之道

四、传统平天下之道

教学要求：

通过本章学习，了解中国传统伦理道德的基本内容，理解中国传统伦理思想与中华传统文化的关系。

(二) 教学难点与重点

重点：中国传统道德规范

难点：中国传统伦理思想与中华传统文化的关系

第八章　中国古代文学

(一) 基本内容与要求

教学内容：

第一节　中国古代诗文化

第二节　中国古代散文

第三节　中国古代小说

第四节　中国古典戏曲

第五节　中国古代文学的文化特征

教学要求：

通过本章学习，了解中国古代诗歌、散文、小说、戏曲的文化内涵，学会用古代文学思想和观念分析现代生活，能以诗歌、散文、小说、戏曲的思想深入分析现代社会生活中的文化现象。

(二) 教学重点与难点

重点：中国古代诗歌、散文、小说、戏曲的文化内涵

难点：中国古代文学的文化特征

第九章　中国古代艺术

(一) 基本内容与要求

教学内容：

第一节　书法艺术

第二节　绘画艺术

第三节　舞蹈艺术

第四节　建筑艺术

第五节　音乐艺术

第六节　对联艺术

第七节　灯谜艺术

第八节　棋类艺术

教学要求：

通过本章学习，了解中国传统艺术的各大门类及其发展，掌握中国传统艺术的主要特点及其在社会经济和社会生活中的作用，能够运用较为专业的思想、语言和情感欣赏中国传统艺术。

（二）教学重点与难点

重点：中国传统艺术的主要门类及其发展

难点：中国传统艺术的内在精神

第十章　中国古代史学和典籍

（一）基本内容与要求

教学内容：

第一节　先秦、魏晋和南北朝时期的史学文化

第二节　唐宋史学文化

第三节　元明时期的史学文化

第四节　清代史学文化

教学要求：

通过本章的学习，了解我国古代史学的发展历程，理解中国古代典籍的科技成果，掌握我国古代不同时期史学文化的起源、发展和主要特点。

（二）教学重点与难点

重点：中国古代不同时期的史学文化

难点：中国古代不同时期史学文化的特征

第十一章　中国古代文化审美

（一）基本内容与要求

教学内容：

第一节　中国人文美育

第二节　中国人文美育的社会传播

第三节　中国学校人文美育

第四节　中国家庭人文美育

教学要求：

通过本章学习，了解中国人文美育的概念，掌握中国人文美育的社会传播，感受中国学校人文美育的内容，应用和发展中国家庭人文美育。

(二) 教学重点与难点

重点：中国人文美育的概念

难点：中国家庭人文美育的特点和应用

第十二章　中国传统衣、食、住、行

(一) 基本内容与要求

教学内容：

第一节　中国传统服装

第二节　中国传统佩饰

第三节　中国传统建筑

第四节　中国宫饰

第五节　中国传统饮食文化

第六节　中国传统器皿

第七节　中国古代交通

教学要求：

通过本章学习，了解古代中国传统衣、食、住、行等内容，熟悉中国传统衣、食、住、行等的主要特点，能把中国传统衣、食、住、行等的思想运用到现实生活中，创造高质量和高品位的美好生活。

(二) 教学重点与难点

重点：中国传统衣、食、住、行等的主要内容

难点：中国传统衣、食、住、行等的主要特点

第十三章 中华传统文化经典著作

(一) 基本内容与要求

教学内容：

第一节　中华传统文化经典著作概览

第二节　史学著作

第三节　四书

第四节　五经

第五节　诸子百家著作

第六五节　古诗

第七节　经典文学作品

第八节　经典神话

第九节　道家经典

第十节　佛家经典

教学要求：

通过本章学习，了解中华传统文化典籍的全貌，理解中华传统文化经典的主要内容，全面掌握中华优秀传统文化经典与继承和发扬中华优秀传统文化间的关系。

(二) 教学重点与难点

重点：理解中华传统文化经典的主要内容

难点：全面理解和掌握文化经典与中国优秀传统文化的关系

"中国传统文化概论"教学安排表

章次	内容	理论学时	实训学时	合计学时
第一章	中华传统文化概述	4		4
第二章	中华传统社会和文化	4		4
第三章	中华传统文化的发展和演变	4		4
第四章	儒家文化	4		4
第五章	中国传统哲学	2	2	4
第六章	中国传统宗教	4		4
第七章	中国传统伦理道德	4		4
第八章	中国古代文学	4		4
第九章	中国古代艺术	2	2	4
第十章	中国古代史学和典籍	2	2	4
第十一章	中国古代文化审美	3	2	5
第十二章	中国传统衣、食、住、行等	3	2	5
第十三章	中华传统文化经典著作	4		4
合计		44	10	54

三、实践教学内容与要求

（1）根据当地情况，到具有传统文化特色的场所（如书院）进行"中国传统礼仪习俗"实践教学，使学生对中国传统礼仪有一定的感知和了解。

（2）到当地博物馆进行"中国传统衣、食、住、行等"实践教学，使学生对中华传统文化遗产有深刻的感受和了解。

四、考核方法

学习期间提交一篇课堂讨论作业，占总成绩的30%。期末写作专题小论文，占总成绩的70%。

五、推荐教材和实验教材参考书

1. 教材

王霁、许鹏、何怡男主编，《中国传统文化》，清华大学出版社2014年版。

2. 教学参考书

[1] 张岳、熊花、常棣著，《文化学概论》，知识产权出版社2018年版。

[2] [美] 郝兰著，《哲学的奥德赛》，华夏出版社2016年版。

[3] 骆文伟主编，《中国传统文化概论》，清华大学出版社2019年版。

[4] 夏宇旭、王国君主编，《中国传统文化导论》，清华大学出版社2013年版。

[5] 冯友兰著，《中国哲学史新编》，人民出版社2007年版。

[6] 许地山著，《道教史》，商务印书馆2015年版。

[7] 蒋维乔著，《中国佛教史》，商务印书馆2015年版。

[8] 牟钟鉴、张践著，《简明中国宗教史读本》，中国社会科学出版社2015年版。

[9] 王霁、许鹏、何怡男主编，《中国传统文化》，清华大学出版社2014年版。

附录三 "《论语》选讲"课程教学大纲

一、课程基本信息

课程名称：论语选讲

课程类别：公共选修课程

总 学 时：40学时

理论学时：36学时

参观学习学时：4学时

学分：2学分

二、课程目标

（1）通过对该门课程的学习，让学生们了解中国传统文化，了解儒家思想的重要经典著作《论语》，增强学生们对于中国传统经典文化的兴趣，提高大学生们的经典阅读水平，使大学生们学习圣贤修身明德、体道悟道后的大智慧，为他们日后能够自主地进行传统文化经典著作学习打下坚实的基础。

（2）通过该门课程的学习，让大学生了解如何做人，如何做事，如何明礼，帮助大学生掌握修身、齐家、治国和平天下的基本道理，帮助大学生树立为大众和社会服务的远大志向，提高大学生的民族自豪感和历史责任感，让他们学会用中华传统文化的大智慧看待历史，对待挫折，在历史的时空中来看待人生和社会问题，从而拓展生命的维度，增强生活的智慧。

三、教学内容和要求

（一）理论教学的内容及要求

第一篇　学而篇

第一节　《学而篇》总论

第二节　孔子语录

第三节　有子语录

第四节　曾子语录

第五节　子贡语录

第二篇　为政篇

第一节　孔子的为政思想

第二节　孔子的为政以德思想

第三节　关于孝悌的思想

第三篇　八佾篇

第一节　关于"礼"的概述

第二节　关于"礼"的规定

第三节　孔子的伦理思想

第四节　孔子的政治道德主张

第四篇　里仁篇

第一节　关于"义"

第二节　关于"利"

第三节　关于"孝"

第四节　关于"仁"

第五节　关于"事君"

第六节　关于"交友"

第四章 高校中华优秀传统文化教育的整体性设计

第五篇 公冶长篇

第一节 仁德

第二节 仁德的特征

第三节 仁与德的关系

第四节 关于"做官"

第五节 关于"得"

第六节 关于"失"

第六篇 雍也篇

第一节 关于"政治"

第二节 关于"伦理"

第三节 关于"哲学"

第四节 关于"人性"

第五节 关于"人才"

第六节 中庸之道

第七篇 述而篇

第一节 孔子的教育思想

第二节 孔子的学习态度

第三节 关于道德范畴

第八篇 泰伯篇

第一节 对尧的评价

第二节 对舜的评价

第三节 对禹的评价

第四节 孔子的教学方法

第九篇 子罕篇

第一节 孔子的道德教育思想

第二节　孔子学生对老师的看法

第三节　孔子的活动

第四节　孔子的行事风格

第十篇　乡党篇

第一节　孔子的衣、食、住、行

第二节　孔子的言谈

第三节　孔子的举止

第四节　孔子的生活习惯

第十一篇　先进篇

第一节　孔子对学生的评价

第二节　孔子的中庸思想

第三节　孔子的生死观

第四节　孔子的政治思想倾向

第十二篇　颜渊篇

第一节　关于"仁"的进一步阐述

第二节　关于"君子"的进一步阐述

第三节　关于"仁德"的进一步阐述

第四节　孔子的为政之道

第五节　孔子的处世之道

第十三篇　子路篇

第一节　孔子的政治主张

第二节　孔子与治理国家

第三节　孔子的教育思想

第四节　孔子的人和思想

第四章 高校中华优秀传统文化教育的整体性设计

第十四篇 宪问篇
第一节 君子的品德
第二节 孔子的义利观
第三节 孔子的社会观
第四节 关于"耻"和"道"

第十五篇 卫灵公篇
第一节 孔子的教育思想
第二节 孔子的政治思想
第三节 孔子的君子小人观

第十六篇 季氏篇
第一节 孔子及其学生的政治活动
第二节 孔子及其学生和处事原则
第三节 君子的"三戒"
第四节 君子的"三畏"
第五节 君子的"九思"

第十七篇 阳货篇
第一节 孔子的道德教育思想
第二节 孔子对"仁"的深入挖掘
第三节 对孝敬父母的进一步探讨

第十八篇 微子篇
第一节 孔子的治国主张
第二节 关于塑造独立人格
第三节 孔子的隐士思想

第十九篇 子张篇
第一节 孔子的求学主张

第二节　孔子的求道主张

第三节　孔子弟子对孔子的赞颂

第二十篇　尧曰篇

第一节　孔子的圣贤之道

第二节　孔子关于"为政"的论述

第三节　孔子的"天命"和"为礼"思想

（二）实践教学的内容及要求

本课程以理论教学为主，实践活动可以组织学生去当地具有传统文化特色的场所如书院等参观学习。

四、学时分配

章次	理论学时	参观学时
第一篇　学而篇	2	
第二篇　为政篇	2	
第三篇　八佾篇	2	
第四篇　里仁篇	2	
第五篇　公冶长篇	2	
第六篇　雍也篇	2	
第七篇　述而篇	2	
第八篇　泰伯篇	2	
第九篇　子罕篇	2	
第十篇　乡党篇		2
第十一篇　先进篇	2	
第十二篇　颜渊篇	2	
第十三篇　子路篇	2	
第十四篇　宪问篇	2	
第十五篇　卫灵公篇	2	
第十六篇　季氏篇	2	

续表

章次	理论学时	参观学时
第十七篇　阳货篇	2	
第十八篇　微子篇	2	
第十九篇　子张篇	2	
第二十篇　尧曰篇		2
合　计	36	4

五、考核说明

（1）课堂表现情况与考勤以平时成绩计入总分。

（2）课程论文以平时成绩计入总分。

（3）平时成绩占30%，最后考查成绩占70%。

六、主要教材及教学参考书目

（一）主要教材

张圣洁主编，《论语》，浙江教育出版社，2019年版。

（二）主要参考书目

[1] 杨伯峻著，《论语译注》，中华书局，2017年版。

[2] 傅佩荣解读，《论语》，广西人民出版社，2000年版。

[3] 钟茂森著，《论语讲记》，中国华侨出版社，2013年版。

[4]"中华诵·经典诵读行动"读本系列编委会编，《论语诵读本》，中华书局2018版。

第三节 高校中华优秀传统文化教育关键环节的设计

习近平总书记在全国高校思想政治工作会议上强调:"高校思想政治工作关系高校培养什么样的人、如何培养人以及为谁培养人这个根本问题。要坚持把立德树人作为中心环节,把思想政治工作贯穿教育教学全过程,实现全程育人、全方位育人,努力开创我国高等教育事业发展新局面。"习总书记的重要讲话既是加强高校思想政治教育的理论依据,也是国家对高校做好大学生思想政治教育的目标要求。国家对新时期大力推进中华优秀传统文化教育的意义、目标和具体措施等内容,都做出了全面部署和科学规划。这项中华民族文化复兴的庞大系统工程的实施,事关宏旨,任重道远。高校中华优秀传统文化教育只有把握几个关键环节,方可带动全局改观,达到预期目标。

一、挖掘优秀传统文化资源,增强大学生对传统文化的认同

要积极挖掘高校思想政治教育中的传统文化资源,即传统文化资源的开发要按照高校德育的总目标和思想政治教育学科总的要求,按照学校专业发展的方向以及学科发展方向的要求,进行有效的提炼和深入的挖掘。

(一)开发中国古代传统文化精神资源

中国古代传统文化资源的开发建立在对中华传统文化内容和精

神全面认识的基础上，基于大学生对传统文化认同的角度，对传统文化中精神资源的开发尤为重要。

在中华传统文化中，诸子百家思想中所凝聚的精华，得到人们的广泛认同。中华文化的优秀精神包含了优秀的人本主义精神、实用理性精神和辩证思维方式等。儒家学派弘扬"人本思想"，提出"民为贵，社稷次之，君为轻""人皆可以为尧舜""未能事人，焉能事鬼"的主张；佛家的"一切福田，不离方寸，从心而觅，感无不通"等思想强调人的能动作用，主张"命由己作，福由己求"，自己的命运掌握在自己的手中。

中华传统文化的显著特点之一就是实用主义，其中蕴含的君子的标准、修身的典范、行为模式和人生态度，都能够成为现代大学生思想道德修养的参考标准，也是实现德育、追求全面发展的人的基础。中华传统文化体现的理性精神得到进一步发展，演变为辩证的思维方式，用联系和发展的观点看待事物，从事物变化发展的过程中认识问题、分析问题和解决问题。高校优秀传统文化教育，就是要充分挖掘中华传统文化中的理性精神，用以指导大学生的生活实际。

通过挖掘古代传统文化思想和精神资源，使大学生具备厚德载物的意志品质，上善若水的高尚品德，形成修身、齐家、治国、平天下的行为模式，保持乐观、豁达、平和的人生态度。

（二）开发校园红色革命传统文化资源

红色革命传统文化作为中国先进文化的一部分，具有强大的感染性和教化性。将丰富的红色文化资源转化为优质的思想政治教育资源，建设和利用好高校红色文化教育实践基地，实现红色文化资源育人功能的完美发挥,是当前高校对学生进行中华优秀传统文化教育必须高度重视的问题。

在校园红色革命传统文化教育中,一些红色歌曲、红色故事等,都具有陶冶情感、塑造情感的作用,并体现在人们外在的精神面貌和言行举止中,在现实生活中具有引导人们选择求真、向善、尚美的功能,因此在教学过程中应传承红色文化、红色基因、红色精神。

可以在学校图书馆设立专门的红色文化学习中心,设置"红色读书角",建立红色文化学习数据库,便于大学生实时查阅和学习红色历史文化;开展以红色文化为主题的校园文化活动,增添学习的趣味性;通过校园广播播放红色歌曲、讲红色故事,提升红色文化在思想政治教育中的感染力;为学生推荐相关红色文化书籍、图片、影视作品,开展体验式教学,通过观看视频资料、情景剧表演,使学生体验红色革命历史,塑造坚强向上的品格。

高校还应建设好校园红色网站,打造网上红色教育平台;同时利用好自媒体,建设红色文化网络论坛,帮助大学生在交互中感受红色革命传统的魅力。

(三)开发本土地方特色文化资源

各地区都蕴藏着自然、社会、人文等多种传统文化资源,高校要有强烈的传统文化资源意识,努力地去开发,并积极地利用。高校对本土地方特色文化资源的开发要按照不同主题、不同类型的内容进行选择,这些主题可分为名人文化主题、民俗风情主题、民族文化主题、商业文化主题以及宗教文化主题等,主要表现为民俗活动、民间歌舞、民间节日、民间工艺等活动。

二、创新教育形式，拓宽中华优秀传统文化教育途径

让中华优秀传统文化进入大学生学习的课堂，强化阵地意识。使中华优秀传统文化成为大学生思想政治教育的重要一环，就是要推动中华优秀传统文化融入公共基础课、通识教育课、专业课等课堂，科学研究，合理规划，把传统文化教育逐步列入教学计划，避免随意性和娱乐化。在讲授教材理论时，适当引入古圣先贤生动的事例，学习他们优秀的传统文化思想，用这些事例配合教材理论和知识讲授，从而实现对教学内容的有效拓展和生动解读，同时有利于促进学生对教材知识和理论的掌握，并能取得较好的实效。

注重传统文化的关键节点教育，举办中华优秀传统文化专题讲座，提升教育效果。精彩纷呈、感人至深的中华优秀传统文化专题讲座主题鲜明、内涵丰富，既理论联系实际，又结合历史和当前，有利于扩大和拓宽学生的知识面，增强学生的求知欲和学习兴趣。学校可在节日、纪念日、传统文化发展的重大事件、重要人物纪念日开展节点教育，聘请校内外专家和民间艺术家进行中华优秀传统文化专题讲座或开设选修课，用丰富的中华优秀传统文化思想教育、引导、感化学生，使中华优秀传统文化思想入耳、入脑、入心。

在传统文化教育中，应保持其地域性、民族性特色。因此，要根据高校的具体区域和特色，将传统文化教育与高校所在地的文化特色相融合，进一步提高学生的兴趣和传统文化的吸引力。以潍坊学院为例，可以将潍坊的杨家埠木版年画、潍坊核桃、潍县烧饼、寿光草编、崔字小磨香油、景芝酿酒、景芝三页饼、高密大枣、刘罗锅辣制工艺、高密剪纸、安丘泥人、临朐石雕、诸城古琴、周姑

戏、潍县锣鼓、昌邑烧制技艺等内容融入本校的传统文化教育，使得潍坊传统文化更具生活性和亲和力，从而更容易被潍坊学院的学子所理解，进而大大提高传统文化教育的效率。

　　充分运用实践教学，巩固和深化中华优秀传统文化教育的成果。中华优秀传统文化是对大学生进行思想教育的绝佳教材，在实践教学方面，要不断拓展中华优秀传统文化教育的空间和内涵，巩固和深化中华优秀传统文化教育的成果。在中华优秀传统文化教育实践教学方面，以必修课和选修课教学内容为契合点，组织学生开展"国学经典诵读活动""国学知识辩论大赛""古诗词朗诵比赛"以及中华优秀传统文化专题讲座等系列实践教育活动，增强中华优秀传统文化教育的实效性。发挥高校"戏剧社""围棋社""汉服社"等具有明显传统文化特色的社团的组织作用，开展丰富多彩的文化活动，如开辟中华校园传统文化教育专栏，举办中华优秀传统文化研讨会，组织中华优秀传统文化艺术节等，把校园文化打造成广大师生的精神家园。高校可以建立传统文化教育基地，也可与本地有关单位共建中华优秀传统文化实践教学基地，定期组织学生去传统文化教育基地开展实践活动，把课堂理论知识与中华优秀传统文化资源结合，加强爱国主义和共产主义教育，让中华优秀传统文化成为不变的基因融合在大学生的血液中。

三、占领网络高地，完善中华优秀传统文化教育网络平台

　　当今社会已经进入网络化教育的时代，随着信息技术的发展，大学生的成长环境、获取信息途径和方式都发生了根本性变化，随

时随地可上网的手机已成为大学生学习、生活、娱乐、交流的重要渠道,大学生获取的信息也呈现出海量化的特点。由于互联网给大学生提供了无穷无尽的信息,学生在学习时往往感到无所适从,面对网络这块新生地带,各种西方势力和国内的不良信息和思想都在抢占网络阵地。海量信息的涌现和各种价值观的融合影响了大学生对中华优秀传统文化的价值取向的理解和认同。

高校中华优秀传统文化教育要建立和完善中华优秀传统文化教育网络平台,抢占网络高地。充分利用网络强大的传播力量推动中华优秀传统文化的继承和发展,让中华优秀传统文化思想和精神在高校的各个网站上占领高地,唱响主旋律。使大学生接收到更多中华优秀传统文化知识与信息,提高他们的学习热情,让中华优秀传统文化思想润物细无声般入情、入理、入脑、入心。可以通过如下形式进一步发挥网络在传统文化教育中的作用。

(1) 打造大学生网络知识竞赛平台。在竞赛的过程中,力争做到出题方式新颖别致,能吸引学生的兴趣。竞赛题类型也要丰富多彩,包括知识问答、知识抢答、才艺表演、视听题等。同时,通过新兴媒体的传播,把传统文化和现代表现形式有机结合起来,有力吸引当代大学生加入弘扬民族文化的阵营。

(2) 通过网络才艺展示和弘扬中华优秀传统文化。在向大学生进行传统文化普及的过程中,除了进行网络中华传统文化知识竞赛,还可以通过网络传统才艺展示大赛向学生宣传丰富多彩的中华传统文化艺术。可以通过器乐、声乐、舞蹈、武术、小品、相声等现代表演形式将一些具有民族传统色彩的艺术和技艺展现出来。这种形式对弘扬中华民族艺术有着较好的促进和推动作用。

(3) 通过网络传统文化作品展示和提升艺术修养。可以采取以传统文化作品网络展示大赛为平台的办法，向大学生宣传、介绍和推广中华传统文化中的手工艺制作文化及其他民族艺术。作品的形式可以包括剪纸、书法、雕刻、绘画、编织、刺绣、陶铸、瓷器等各类民族传统技艺和手工艺作品等。通过定期在校园举办网络民族手工艺作品展，使中华传统民族艺术得以展现。

中华优秀传统文化是中国先进文化的重要组成部分，中华优秀传统文化教育不仅对大学生的思想道德教育，而且对大学生的理想信念教育、社会主义核心价值观教育等都发挥着不可替代的作用，因此，高校一定要积极探索中华优秀传统文化融入高校思想政治教育的关键环节，以文化人，以文育人，真正把学生的思想政治教育工作落到实处。

第五章 高校中华优秀传统文化教育的条件保障

建设高校优秀传统文化教育的传承和发展体系必须坚持保护和利用、普及与弘扬并举，使高校中华优秀传统文化教育与党的教育方针相一致，与当代社会相适应，与现代文明相协调，与专业发展相吻合。高校优秀传统文化教育一定要保持教育的民族性，体现教育的时代性，以及教育保障条件的科学性。如何通过合理的制度安排和机制创新，构建合理的社会保障体系，积极挖掘、保护、继承、发展优秀传统文化，使中华优秀传统文化成为具有精神感召力、社会凝聚力、思想影响力与心理驱动力的文化资源，是高校优秀传统文化教育必须考虑的问题。

第一节　完善优秀传统文化遗产的政策保障体系

一、以法律手段保护传统文化遗产

中华民族五千多年的文明发展历史积累了极为丰富的历史文化遗产，既有物质形式存在的有形文化遗产，也有以非物质形式存在的遗产，这些文化遗产记录着中华传统文化在长期历史进程中发展的轨迹，也记录着中华民族几千年逐渐形成的中华民族特有的价值观念，是中华民族悠久历史的珍贵见证，是中华优秀传统文化延续和传承的重要载体。保护文化遗产就是保护中华优秀传统文化，就是维护中华民族不断向前发展和中华民族腾飞的文化底蕴，我们必须依据国家法律手段，加强国家重大文化和自然遗产地、重点文物保护单位、历史文化名城名镇名村保护建设，抓好非物质文化遗产的保护传承。

2017年，中共中央办公厅、国务院办公厅印发《关于实施中华优秀传统文化传承发展工程的意见》，在这个文件中提出了保护传承中华传统文化遗产的具体要求，文件指出："坚持保护为主、抢救第一、合理利用、加强管理的方针，做好文物保护工作，抢救保护濒危文物，实施馆藏文物修复计划，加强新型城镇化和新农村建设中的文物保护。加强历史文化名城名镇名村、历史文化街区、名人故居保护和城市特色风貌管理，实施中国传统村落保护工程，做好传统民居、历史建筑、革命文化纪念地、农业遗产、工业遗产保护工作。规划建设一批国家文化公园，成为中华文化重要标识。推进地名文化遗产保护。实施非物质文化遗产传承发展工程，进一步完善非物质文化遗产保护制度。实施传统工艺振兴计划。大力推广和规范使用国家通用语言文字，保护传承方言文化。开展少数民族特色文化保护工作……"

要继续实施重点文物保护工程，采取有力措施抢救濒危文物古迹，重视重要革命文物的收集和革命历史遗迹的保护，完善重大建设工程中的文物保护制度，切实做好基本建设中抢救性文物保护和考古挖掘工作；继续加强非物质文化遗产保护，制定适合地方传统文化遗产的专门资助办法，建立非物质文化遗产名录体系；编制国家非物质文化遗产资源图谱，加强民间文学、民俗文化、民间音乐舞蹈、少数民族史诗等非物质文化遗产的抢救，以法律手段保障传统文化遗产。只有这样，才能为高校优秀传统文化教育提供优秀的素材和宝贵的资料。

二、用传统文化管理政策保护传统文化遗产

2017年，中共中央办公厅、国务院办公厅印发《关于实施中华优秀传统文化传承发展工程的意见》，在这个文件中，提出了要保护传承中华传统文化遗产的具体政策保障，文件指出：加强中华优秀传统文化传承发展相关扶持政策的制定与实施，制定和完善惠及中华优秀传统文化传承发展工程项目的金融支持政策，制定和完善历史文化名城名镇名村和历史文化街区保护的相关政策，完善相关奖励、补贴政策，落实税收优惠政策，建立健全中华优秀传统文化传承发展重大项目首席专家制度，出台入学、住房保障等方面的倾斜政策和措施，用以倡导和鼓励自强不息、敬业乐群、扶正扬善、扶危济困、见义勇为、孝老爱亲等传统美德。

传统文化管理政策规范是多方面的、全方位的政策体系建设，是对传统文化遗产保护的重要内容，传统文化管理政策规范包括两个方面，一方面是整理、普查、鉴定和研究政策，另一方面是继承、传播、利用和发展政策。政策的制定一定要力求规范、科学，管理措施要做到周全、得当。

一定要明确行政管理部门对传统文化管理的职能，政府管理部门不是优秀传统文化的传承主体，而是优秀传统文化的维护和保护主体。政府的职责不是亲自继承优秀文化遗产，也不是传播中华优秀传统文化，而是尽可能多地利用自己的行政优势，在管理和政策层面上去鼓励、推动、帮助、协调民间社会的优秀传统文化的传承。在高校、科研院所和民间有一大批从事传统文化研究的专家和学者，民间也有一些不可多得、鲜为人知的民间艺人，这是传承和保护中

华优秀传统文化过程中不可缺少的宝贵财富，应该及时建立优秀传统文化专家学者库，及时补充传统文化不同领域内的各类专家，充分利用他们的优势，定期进行培训和交流，以便对优秀传统文化的传承和保护工作提供智力支持和理论依据。

政府和文化管理部门要加强传统文化的产权保护管理，建立健全传统文化知识产权的保护法规和制度，明确优秀传统文化项目的知识产权主体、客体及内容，确立优秀传统文化项目的使用许可制度，挖掘和推广更多的传统文化项目，特别是民间的优秀传统文化项目，对民间传统工艺、民间绝技的技术要予以保护和保密，尊重传统文化的产权，对重要的书籍、音频视频、实物等非物质文化艺术资料出境进行严格限制，同时对传统文化的著作权和转让权进行严格的限制，维护中华优秀传统文化的独立性和自主性。

三、以传统文化开发政策拓宽和保护传统文化遗产

要制定和落实传统文化开发政策，切实保障传统文化的传承，要加大政策管理力度，使传统文化在个人、群体、区域或社会中拓展和应用，得到充分的延续和发展。要积极发动民众参与，适时适度开发，因为民众是参与和支持优秀传统文化的重要力量，只有充分发挥他们的潜能，才可能使传统文化的保护和开发取得真正的效果。

开发传统文化遗产要循序渐进，防止过度开发和损毁性的利用。应在全国实施和推进文化遗产解读工程，尽快开展具有地方特色的遗产经济学和遗产文化学的研究，用科学的方法确立文化遗产保护和开发策略。文化遗产是传统文化最重要的承载体，怎样使文化遗

产的保护和发掘利用能够为我们今天的文化发展、丰富人民的精神文化生活、弘扬传统文化的优良价值服务，我们要进行一个解读。优秀传统文化遗产的类型千差万别：有的开发与利用的条件是成熟的，稍加市场运作就可以开发；有的开发与利用的条件还不太成熟，需要经过一段时间的培育成熟后，才可以开发和利用。目前，优秀传统文化保护和利用所涉及的领域众多，开发和利用因素复杂，需要的时间、物力、人力和财力在短时间内还不能圆满解决，因此，要在短期内完成或取得重大的突破是很难的，必须高起点、高规格、高要求地搞好顶层设计，体现出系统开发的整体性和阶段性，使保护和开发方式具有民族创造性和地域独特性。

四、以传统文化创新政策支撑传统文化的传承

所谓传统文化传承，是指传统文化在时间和空间上的传接与承续，传统文化传承主要是传统文化的纵向或是文化横向的传递与接受，传统文化传承在社会中不仅是一个复杂的文化活动，更是一个复杂的行为系统。

国家非常重视中华优秀传统文化的传承体系，在很早就提出：要在公共文化服务体系基础上，科学和规范地构建中华优秀传统文化传承体系、文化产业体系和文化市场体系，传统文化将与公共文化服务体系一同，构成我国文化发展更全面、更系统、更完整的宏观体系。2017年，中共中央办公厅、国务院办公厅为建设社会主义文化强国，增强国家文化软实力，实现中华民族伟大复兴的中国梦印发了《关于实施中华优秀传统文化传承发展工程的意见》，对如何实施中华优秀传统文化传承发展工程做出了具体要求，这对中华优

秀传统文化的继承与弘扬具有重要的意义。

中华优秀传统文化传承的内容包括如下几个方面。

一是传统文化的核心思想体系。中华优秀传统文化深刻阐述了中华民族诸多的核心基本理念，包括修齐治平的基本理念、尊时守位的基本理念、知常达变的基本理念和开物成务的基本理念。同时也包括革故鼎新的思想、与时俱进的思想、脚踏实地的思想、实事求是的思想、惠民利民的思想、安民富民的思想、道法自然和天人合一的思想等，这些基本理念和思想可以帮助大学生树立正确的人生观、价值观和世界观，规范大学生的日常行为，可以帮助大学生提高自己的思想境界，立大志，立长志，并在学习和生活中按照圣贤教育的思想努力实践。

二是传统文化的传统美德体系。中华优秀传统文化内含丰富的道德理念和道德规范，这些道德理念和道德规范构成了中华传统文化的传统美德体系。如国家兴亡人人有责的责任意识，为实现伟大中国梦而努力奋斗的爱国情怀，人人爱我和我爱人人的社会风尚，仁义礼智信的荣辱观念等，这些传统美德体现着中华民族的传统道德观念，规范和影响着中国人的社会生活和行为习惯。所以，传承发展中华优秀传统文化，就要在高校中大力弘扬自强不息、尊老爱幼、团结友爱、无缘大慈、敬业乐群、扶危济困、见义勇为等中华传统美德，并让大学生在以后的学习和工作中身体力行，为创造美好的生活而努力奋斗。

三是传统文化的人文精神体系。几千年的中华优秀传统文化积累了丰富多彩的精神财富，构成了丰富完整的人文精神体系。如互相包容理解、和而不同的处世原则，内圣外王的教化思想，无缘大慈、同体大悲的大爱情怀，天人合一、道法自然的美学追求，淡泊明志、知常达变的生活理念等,这些中华传统文化的人文精神,是中国人民精神、思想、处理原则和生活方式的集中表现,是中华民族集体智慧的结晶。中华传统文化的人文精神,滋养了中华民族的每一个人,对提高中华民族的综合素质产生了巨大的作用。传承发展中华优秀传统文化,就要在高校中大力弘扬有利于促进社会和谐、鼓励人们向上向善的思想文化内容,坚守学校传统文化宣传和弘扬阵地,让大学生真正受益。

年轻人有着丰富的思维、充满青春活力的思想,能及时接受新生事物,传统文化中的思想、观念会深深影响大学生的学习和生活。

对于新时代的大学生来说,传统文化的表现形式决定着大学生们对它的接受程度,那些守时的、远离生活的知识无法让传统文化在年轻人身上得到重现。一个时代的青年人会用他们特有的思维方式接受、继承和发展属于自己特色的民族文化传统,并能随着社会和时代的发展而不断创新。

《关于实施中华优秀传统文化传承发展工程的意见》中明确和理顺了传统文化创新政策,文件指出:"坚持创造性转化和创新性发展。坚持辩证唯物主义和历史唯物主义,秉持客观、科学、礼敬的态度,取其精华、去其糟粕,扬弃继承、转化创新,不复古泥古,不简单否定,不断赋予新的时代内涵和现代表达形式,不断补充、拓展、完善,使中华民族最基本的文化基因与当代文化相适应、与现代社会相协调。"

传统文化的创新政策要适应新时期大学生文化需求的新特点和审美情趣的新变化,不断推进文化内容形式的创新,推动不同艺术门类和文化活动相互融合,积极运用多种高科技手段来展示中华优秀传统文化的优秀成果,表现中华优秀传统文化的思想,突出传统文化内容的凝聚力、思想力和感染力,实现题材丰富、风格各异、表现形式多样、表现内容生动化,不断拓展对外文化交流渠道,进一步扩大高校传统文化的传播范围,从而支撑优秀传统文化的传承。

第二节 营造高校中华优秀传统文化教育的环境

社会环境影响实施效果,十年树木,百年树人,优秀传统文化教育的效果需要长时间熏陶和潜移默化的影响,需要人们静下心来等待开花、结果。高校优秀传统文化教育要想蓬勃发展,取得实效,需要一个更好的大环境。育人环境的价值追求影响发展地位,尽管人们都很清楚优秀传统文化的意义和价值,但在实用主义教育思想的长期影响下,仍有部分教育工作者和家长无法将优秀传统文化教育放在其应有的位置上,所以,在高校传统文化教育环境的优化和整合上,还有很多工作需要去做。

对大学生进行中华优秀传统文化教育是全民参与的共同责任和义务,是把家庭教育、学校教育、社会教育和新媒体教育互相融合的过程,缺一不可。因此,对大学生进行中华优秀传统文化教育,不能光靠政府和学校来完成,还必须广泛借助社会团体、组织和个体的全面积极参与,才能实现齐抓共管的教育格局。因此,要充分发挥社会各种组织、机构、团体、个体自身的功能和优势,使他们都能成为优秀传统文化教育的参与者,形成有利于中华优秀传统文化传承和发展的学习型社会,共同推动社会教育的深入开展。

营造高校中华优秀传统文化教育的环境应从家庭、学校、社会和新媒体四个方面着手。

一、家庭环境

父母都希望自己的孩子身体健康，成为对社会有用的人才，为了孩子的健康成长，父母不惜花费人力、物力和财力。如何实现这一愿望，大多数时候我们是茫然的，导致目前的家庭教育出现层出不穷的问题。传统文化教育非常重视家庭的教育作用，把家庭看作国家的基础。《大学》提出"欲治其国者，先齐其家""家齐而后国治，国治而后天下平"的著名观点，把家庭教育的作用提高到影响国家兴衰的高度。

家长是学生所遇到的最早的老师，家长的一言一行对学生的影响和熏陶异常重要。家长如果能在弘扬中华优秀传统文化方面能给孩子做出榜样，学生在很大程度上会对中华优秀传统文化产生浓厚的兴趣，并在学习和生活中践行。

改变家长对家庭教育中有关文化传承的传统认识，拓展家长对家庭教育的时间观和空间观。家长要注重个人传统文化修养的提高，多读唐诗宋词、经典国学书籍，多看相关的电视节目，在传统节假日有意识地组织一些家庭活动，让学生能更多地接触和感受中华优秀传统文化的内涵，并能用中华优秀传统文化思想指导自己的生活和工作。

转变家庭与学校间的关系，家长主动与学校联系，与辅导员和任课老师联系，变被动为主动。

国家和社会应加大对中华优秀传统文化在家庭教育中的支持和指导，重视家庭在优秀传统文化教育中的作用和地位，组织和建立优秀传统文化传承相关组织机构，出台相关文件以明确家庭教育文化传承的具体内容。社会和学校可开设公益机构,与家庭联合举办各种活动,比如亲子阅读、传统文化知识竞赛、传统文化教育座谈会等,指导家长开展家庭优秀传统文化教育,力争优秀传统文化教育从每一个家庭抓起。

二、学校环境

学校是对大学生开展中华优秀传统文化教育的主阵地。对大学生进行中华优秀传统文化教育的方式可以千变万化,可以在高校开设传统文化课程,也可以组织专题的教育活动,把对大学生的优秀传统文化教育融入学校的各个教育环节,让优秀传统文化教育成为学校教育的一种常态,使高校优秀传统文化教育常抓常新,常抓不懈。

为了使中华优秀传统文化教育更有针对性、实效性,在学校里要开设拓展型、研究型课程,由学校根据自身实际,自主开发和实施中华优秀传统文化课程。要不拘泥教材的内容、顺序等,而是遵循国家课程标准,由大学生的实际现状和社会的一些热点来确定主题,把社会主义核心价值观和与之相匹配的中华优秀传统文化教育的内容融入这些课程中。

在高校优秀传统文化教育中,要用礼乐文明的思想和理念培养大学生内在的文化修养和思想修养,生发"礼尚往来"、以"诚"相待、以"信"相许、以"义"相重的情操,造就当代大学生孝亲睦邻、敬业乐群、尊师敬长、礼贤下士、温良谦恭、平和中正的君子风范,也只有当礼乐精神成为社会主义精神文明的组成部分,成为当代大学生的社会意识和文化精神,才能实现主体与外界的和谐、群体的和谐、社会的和谐。

　　高校教师要在风气建设上做表率，牢固树立马克思主义的世界观、人生观、价值观和正确的权力观、地位观、利益观，始终保持振奋的精神和良好的作风，弘扬新风正气，抵制歪风邪气。严格高校各项考核制度，严格大学生的教育训练和管理，抓好教风、学风和考风，狠抓学生日常管理，注重学生的良好生活习惯的养成，要营造学生全面成才应具有的良好的学风氛围，逐步培养学生踏踏实实、勤奋刻苦、严谨求实和开拓创新的优良品格。

三、社会环境

　　中华优秀传统文化不仅能反映中华民族的特色，还能将中华传统文化特色融入社会教育活动中，以促进中华优秀传统文化教育活动的发展，从而促进经济的发展和社会的进步。

　　社会教育的显著特点是渗透性，对大学生的教育具有隐蔽性，这种教育通过潜移默化对大学生产生作用。通过社会各界对优秀传统文化的挖掘，来实现优秀传统文化的创新性转化和发展，通过大环境的熏陶和感染，使大学生的道德价值观逐步向社会主流道德价值观靠近。

　　培养大学生的集体主义精神是大学生文化素养的重要内容，也是对大学生进行社会教育的重要部分。纵观中华民族的发展历史，中华民族内忧外患，通过对中华传统文化史的学习，要使大学生具备强烈的民族忧患意识，为了能更好地生存和民族的振兴，中华儿女逐渐形成团结在一起、克服各种困难的传统，在外部客观条件的影响下，集体主义成为中华民族的传统文化精神。

要加强中华优秀传统文化内容对妇女及老年人的教育，可以不断地充实和丰富妇女和老年人的生活，为他们提供学习优秀传统文化的机会，形成全社会不论年龄大小、身份高低，都了解和践行中华优秀传统文化的良好氛围，从而为大学生接受中华优秀传统文化教育提供良好的社会环境。

进一步建立社会主义核心价值观教育的社会基础。广大青年树立和培育社会主义核心价值观应"加强道德修养，注重道德实践"。为此，应持续推进社会主义核心价值观教育，使核心价值观所承载的道德价值理念深入人心，形成社会共识和行为准则，持续净化社会道德环境。

充分发挥社会公益组织的教育作用。高校本地博物馆、历史陈列馆对大学生免费开放，让大学生系统了解和学习本地传统文化的内容；引导大学生多进入敬老院、孤独院等机构做义工，通过这些活动，自觉提升大学生的思想素质和心灵体验，为大学生道德价值观的社会实践创造良好的条件，提供更多的学习机会。

在传统文化教育中，学校教育、家庭教育和社会教育的本质目标是一致的，都是让受教育者的综合素质得到全面提高，促使个体不断实现自我价值，为社会做出更大的贡献。

四、新媒体环境

新媒体是利用数字技术，通过计算机网络、无线通信网、卫星等渠道，以及电脑、手机、数字电视机等终端，向用户提供信息和服务的传播形态。依托新媒体弘扬传统文化、净化网络空间是继承和发扬中华优秀传统文化的一个重要手段，因为新媒体具有方便、快捷、时效性强等优点，因此在当代大学生传统文化教育中是一个超越时间和空间的重要工具。在利用新媒体传播优秀传统文化的过程中，要培养大学生的新媒体素养，让大学生充分、有效地利用新媒体，引导大学生理性看待新媒体的信息内容，做到"非礼勿视、非礼勿听、非礼勿传、非礼勿做"的文明使用新媒体的习惯，不断提升大学生自身的文化品位。同时，通过新媒体在互联网、在校园对大学生及时进行传统道德、传统思想、传统精神和传统文化的弘扬，使大学生不断提升思想道德品质，自觉净化新媒体空间，做新媒体时代中华优秀传统文化的传播者。

综上所述，当前高校优秀传统文化教育，要充分发挥家庭教育、社会教育、学校教育和新媒体环境教育的作用，使其相互作用、相互补充，构建中华优秀传统文化教育形式相互配合、相互促进、协同发展的综合教育机制。高校要创建和谐互动交往的中华优秀传统文化教育的平台，特别是网络平台。要建立以高校为主导，地方政府、社会、家庭各方面力量和人员共同参与的教育网络组织机构，高校教育机构和人员要发挥主导作用，加强沟通，密切联系，积极争取地方教育体系、社会组织、地方政府和学生家庭的支持合作，加强各方的信任和交流，实现多方相互支持、相互联系、相互信任和相互配合，创建良好的优秀传统文化教育氛围。

第三节 提升教师队伍整体素质

长期以来，由于受传统教育思想的影响，在传统文化教学中，不少高校教师往往只注重文化知识的传授，而忽略了对学生能力特别是思想品质的培养。多数老师没有系统学习中华传统文化知识，有的教师甚至连最基本的国学经典都没有读过，即使教师在教学中涉及一些传统文化的内容，这些内容也非常浅显，因此教育效果并不明显。教师传统文化专业素质低于现代教育要求的现象普遍存在。作为民族文化认同的建构者，一名优秀的教师首先要自觉承担起传承优秀传统文化的伟大使命，自觉做民族精神的建设者、弘扬者和传播者。

一、端正传统文化课程教师的教学态度

高校传统文化课程教师一定要端正教学态度，充分认识到在高校进行优秀传统文化教育的重要性，并把优秀传统文化教育渗透到日常教学和行为中去。文化是民族的血脉，优秀传统文化是一个国家和民族传承和发展的根和魂，如果把中华民族的根和魂丢掉了，中华民族就会落后、衰败和灭亡。高校教师一定要有文化自信，没有高度的文化自信，就没有文化的发展和强大，就没有中华民族的伟大复兴。回顾历史，中华民族的发展和强大，都是中华民族从充分的文化自信中产生巨大的力量，不忘过去才能开辟未来，善于继承才能更好创新，中华民族要继续前进，就必须根据时代条件，继承和弘扬我们的民族精神、我们民族的优秀文化，用优秀传统文化的思想滋养大学生的文化自信和民族气质，培育大学生不忘初心、牢记使命和自强不息的民族精神。

我们要用一分为二的观点和全面的观点认识和对待传统文化，分辨其中的精华和糟粕，还要辩证地认识它们在现实生活中的作用，既要看到传统文化的积极作用，也不能忽视其消极作用。对历史文

化特别是先人传承下来的价值理念和道德规范，要坚持古为今用、推陈出新，有鉴别地加以对待，有扬弃地予以继承，应该具体问题具体分析，取其精华，去其糟粕，批判继承，古为今用。总之，在高校传统文化教育中，以科学的态度对待传统文化，就能更好地延续民族文化血脉，为实现中国梦提供最深厚的文化软实力。

二、丰富高校教师的优秀传统文化知识

"师者，所以传道受业解惑也"，内圣才能外王，教师要教好学生传统文化知识，首先自己对传统文化内容做到熟记于心、应用于身，把传统文化内容应用到自己的生活中去，才能在传统文化教育中游刃有余。高校要加强面向全体教师的中华优秀传统文化教育的系统性和科学性培训，全面提升师资队伍水平，可以说，中华优秀传统文化能否贯穿国民教育始终，实现立德树人的根本任务，关键是看有没有一大批懂传统文化、懂传统文化教育的好老师。

在高校学习优秀传统文化课程，自觉学习传统文化，并把传统文化的思想运用到自己的生活和工作当中，绝不只是传统文化教师的任务，而是全体教师共同的任务。在基础课程和专业课程当中，教师也要适时地进行传统文化教育。

高校教师要系统学习优秀传统文化，必须以修身和加强自己的品德修养为目标，首先教师对优秀传统文化教育要有一个正确的认知，然后对中华经典进行系统的研修，最后在日常生活和工作中进行反思与践行，把中华优秀传统文化的精髓融入教师的生活之中。

在内容选择上，应该从传统文化原著入手，阅读原著、感悟原著，直接与古圣先贤对话，教师在学习中感悟经典中的道理和智慧，

从经典中汲取生命的滋养。对于教师而言,传统文化素养的获得,最重要的途径就是教师自身发自内心的读书的渴望和行为,因此,每一位教师都应该有学习中华优秀传统文化的自觉,从不同的途径习得更多的知识,熟读甚至能背诵这些经典,能使教师在潜移默化中净化心灵、提升精神境界,不仅可以使教师感悟人生哲理、懂得为人处事的准则,还可以增加教师的才气、灵气,增长教师的聪明智慧,增添教师的骨气人格,提升教师的人生格局,培养传统文化教师的家国情怀,从而更好地传道授业解惑,强化责任担当。用丰富的中华优秀传统文化知识来武装教师队伍,让教师具有独特的人格魅力,具有圣贤的聪明智慧,让教师散发个人魅力,增加正能量,只有这样才能够更好地教育学生,才能让高校优秀传统文化教育丰富起来,让传统文化教育收到实效。

三、提高传统文化课程教师的教学能力

提高传统文化课程教师的教学能力是保障高校优秀传统文化教育效果的重要手段,传统文化课程教师的教学能力包括以下几个方面。

文化认识能力。在高校优秀传统文化教育中,不能以活动代替传统文化教育。现在国内出现了国学热,这是一个好现象,学国学的热潮能很好地促进大学生对传统文化的学习、理解和掌握,作为教育工作者,其文化认识能力,即用什么样的视角去看待以及引导学生看待传统文化、学习传统文化,不仅关系到对优秀传统文化的继承和发展,也关系到学生思想的进步和观念的创新。让学生学习优秀传统文化,必须注重自身对优秀传统文化思想的理解和领会。

理论学习能力。现在一些高校不组织教师进行传统文化理论的

学习，不注重教师对传统文化思想和内容的理解和把握，以活动代替传统文化学习，搞搞活动就算是学习传统文化了，这是学习传统文化的一个误区。比如有的高校让学生峨冠博带、汉服唐装集体诵读经典，或穿唐装、旗袍举行成人礼，甚至组织学生穿古装向师长行三叩九拜入学礼，用这些形式的内容代替传统文化内容的学习，其表象之下，隐藏的其实是对传统文化的误读和曲解。要加强教师对优秀传统文化的理论学习能力，帮助教师尽可能全面、系统地掌握优秀传统文化知识。

知识识别能力。在教学中，对于传统文化的内容，教师要做到准确理解和掌握古圣先贤的真实思想，不能凭某位大家的解读或是自己的理解而"戏说"。例如，儒家的中庸之道，"中"的目的是"和"，"庸"的意思是"平常"或"普通"。归纳起来，所谓中庸，就是做事恰到好处。在处事方面，要合乎中道，不能只顾到此方面，而不顾到别的方面；在对等名利方面，要坚持用最平常的办法，淡泊名利，知足常乐，要脚踏实地，只问耕耘，不问收获，不因得小利而失大义，也不因耍小聪明而适得其反，弄巧成拙。但个别教师由于对传统文化理解不深，曲解了中庸的思想，把"中"当成"不彻底""模棱两可""折中"等，把"庸"理解为庸碌，左右逢源，凡事退让不争取，并不是中庸之道，这是对中庸的曲解。

教学设计能力。高校传统文化课程教师应具备良好的中华优秀传统文化教育教学设计能力，包括传统文化教学目标的设计能力、教学内容的设计能力和教学过程的设计能力。传统文化课程教师要依托中华优秀传统文化的具体教学设计过程，逐步解读培养目标、课程目标和教学目标，从其原有知识水平出发，合理安排教学内容、充分把握教学节奏，对教学过程进行统整规划。

教学实施能力。课堂教学要紧紧围绕教学对象、教学内容以及课堂环境来开展，高校传统文化课程教师要充分调动学生学习优秀传统文化的积极性，能够采用灵活的课堂形式与多样的教学内容调动学生学习优秀传统文化的注意力；高校传统文化课程教师要充分利用灵活多变、适合学生特点、适合教学内容的教学方法，充分利用音频、视频、PPT、图片等多种多媒体内容，同时结合现代信息与通信技术，灵活多样地实施课堂教学；建立高效的课堂管理机制，协调传统文化教育课堂中出现的冲突与矛盾，充分调动学生学习的积极性和主动性，提升学生的课堂学习参与度。

教学评价能力。高校传统文化课程教师在进行传统文化教学评价之前，应确立合理科学的评价机制，设立准确的评价目标，充分收集、整理不同种类的数据，找准传统文化教学中的评价依据；在传统文化课程教学中要及时审视自身的教学行为，反思在传统文化教学过程中的优势与不足，进而不断改进自身的教学。

第四节 优化教学方法和手段

传统文化之传承在于学，学之根本在于教，教与学的效果重在方法。在高校优秀传统文化教育中，教育方法一定要适应时代主题和社会环境，适应新形势下大学生的思想教育特点，要突出传统文化课程中教师的主导作用和学生的主体地位，采用多种行之有效的教学方法，让大学生深入理解和掌握传统文化的核心内容和思想内涵，并把学到的传统文化内容融入学习和生活中去，现列出几种可行的方法和手段。

一、有效渗透法

（一）要把中华优秀传统文化教育渗透到学校教育中

全国高等学校近三千所，大学生是青少年的主流力量，学校是传统文化教育的主阵地，有着重要的引领作用。要把中华优秀传统文化教育渗透到课堂教学中，渗透到各学科教学中，在高校的各科教学中要充分挖掘和展示不同学科中的各种道德因素，并把这些道德因素与各学科教学内容有机结合起来，让学生在学习专业知识的同时受到传统文化思想的感染和熏陶，从而潜移默化为大学生自身道德进步的强大动力，并最终积淀成为价值观和人生观。

（二）要把中华优秀传统文化教育渗透到校园文化建设中

高校要坚持从校园文化建设入手，打造高品位的校园文化环境，真正发挥校园文化春风化雨、润物无声的重要作用。积极利用学校的教学楼和周边环境布置传统文化内容，营造多角度、立体化的传统文化氛围，让学生零距离感受优秀传统文化的熏陶。在高校优秀传统文化教育中要注重实践活动的重要作用，广泛开展丰富多彩的优秀传统文化教育活动，通过开展各种实践活动，让学生在实践中理解和掌握传统文化的思想精髓，真正把中华优秀传统文化内化于心、外践于行。

（三）要把中华优秀传统文化教育渗透到日常生活中

家庭也是学生学习和践行优秀传统文化的阵地，大学生不仅要在学校接受优秀传统文化教育，在家庭中也要让大学生受到优秀传统文化的熏陶，将中华民族特有的传统美德融入日常情态之中，通过家长们的言传身教对学生进行教育，加强学生的品德修养。因此，现代家长首先要率先垂范，按照传统文化教育总纲中的"五伦""五常""四维""八德"的内容规范自己的行为，做孩子的表率，在此基础上重视孩子良好道德品质和文明素养的养成，将爱国守法、孝敬父母、诚实守信、团结友爱、立志勤学、勤劳节俭等中华民族传统美德的教育灌输到孩子的心中，家校联合从而增强优秀传统文化教育的效果。

（四）要把中华优秀传统文化教育渗透到社会活动中

为大学生搭建优秀传统文化教育的平台是高校和社会的共同任务，要充分发挥新闻媒体的作用，加强对优秀传统文化的宣传，多侧面、多角度地宣传介绍优秀传统文化；充分发挥社区的综合依托优势，在社区开展丰富多彩的传统文化教育活动，用优秀传统文化引导、熏陶、感染学生；政府宣传部门和教育部门开辟的各类德育教育基地，应结合实际充实传统文化方面的内容，有组织、有计划、有内容地开展优秀传统文化与传统美德教育，在形式丰富的活动中由浅入深、循序渐进地将优秀传统文化的核心要义展现在学生面前，加大优秀传统文化在学生中的影响力。

二、模块讨论法

高校进行优秀传统文化教育主要是以讲授为主，但过多的讲授会使学生产生厌倦。通常来说，通过阅读，我们能学习到学习内容的百分之十左右；通过听力，我们能学到百分之十五左右；而通过亲身体验，我们却能学习到百分之八十左右，而且效果持久。因此，高校中华优秀传统文化课程的学习要尽量减少知识性讲解，要结合高校学生的特点和课堂教育形式，有讲有练，有讨论，再附以音频和视频等资料，这样学生才能更好地接受。如传统文化的核心部分由教师进行详细的讲解，传统文化现象和大家有争议的问题可展开讨论，在讨论前让学生课下收集整理，然后在课堂上组织学生进行交流。

在讨论中，可以把中华传统文化划分成若干个模块，按模块进行研究、分析和讨论。比如，在进行中国茶文化教学时，要让学生理解茶文化的概念和内涵，让学生深入理解茶文化为饮茶活动过程中形成的文化特征，可以提出如下问题让学生思考：

（1）什么是茶道、茶德、茶联、茶具、茶艺？

（2）茶文化的起源是什么？

（3）茶是如何配制的？

（4）茶的种类都有哪些？

（5）常用的敬茶礼仪有哪些？

（6）茶与养生的关系是什么？

……

讲授完主要内容后，让学生对茶文化的表现形式和作用进行讨论，对有争议的问题，教师应起到引导、启发的作用。这样的教学方法不仅可以活跃课堂气氛，而且还有利于培养学生独立思考问题、分析问题的能力，更有利于大学生充分理解中华优秀传统文化的精神，并把它内化到自己的人格中，最终落实到实际行动中。

三、情境教学法

在高校优秀传统文化教育课程中,有的内容更适合设置情境,让学生身临其境,帮助学生深入理解教学内容。

比如,在学习王维的《山居秋暝》时,可设置情境给学生讲授。

山居秋暝

作者:王维

空山新雨后,天气晚来秋。

明月松间照,清泉石上流。

竹喧归浣女,莲动下渔舟。

随意春芳歇,王孙自可留。

直译:雨后的青山清新空寂,秋天的傍晚,天气格外凉爽。月光皎洁洒满苍翠的松林,山泉清澈从山石上轻轻流淌。洗衣服的姑娘们归来,竹林里笑语喧哗,渔船顺流而下搅动了一片片莲叶。尽管春天的花草久已凋谢,秋光美同样使人眷恋不已。

构造画面:想象自己来到了空山里,刚下完雨,傍晚时分让人感到秋意,再晚些明月出来了,照在清泉和石头上了,忽然从竹林中传来一阵嬉笑打闹声,顺着声音望去,原来是洗衣女子在莲叶中划船回家。面对这样的美景,你感觉可以随意地停下歇息,可留下一直待着。

在古诗词欣赏时,教师可以充分利用情境法进行教学。在教学中,教师把古诗词中所描述的境界事先加以体验,然后把体验过的感情传达给学生,在传达时,教师的语言描述要有感染力,要出神入化、情真意切、融情于言、融情于表,引导学生和古诗词情感交融，以此激发学生的情感，在潜移默化中陶冶学生的情操，达到"润物细无声"的教育效果。

四、开放教学法

在优秀传统文化课程教学中，有时可以采用开放教学法，即在教学过程中创造一个开放性的教学空间，让学生在这个充分自由的空间进行学习。在使用开放教学法时，首先学生的身心是开放的和放松的，在这个状态下，学生的心是平和的、寂静的和充满想象的；其次学生的思维是开放的，学生可以根据自己的想象任意发挥，哪怕是跑题也可以，在想象中，可以设想多种可能的结果，教师不否定、不批评，只引导和鼓励；三是引用的内容是开放的，学生可以引古通今，内容既不拘泥于教材，也不拘泥于教师的知识视野。

比如王国维形容做学问的三重境界："昨夜西风凋碧树。独上高楼，望尽天涯路"，此第一境；"衣带渐宽终不悔，为伊消得人憔悴"，此第二境；"众里寻他千百度，蓦然回首，那人却在，灯火阑珊处"，此第三境。

教师在讲解前，让学生敞开心扉，热烈讨论，让学生根据自己的理解说明三重境界的含义，最后教师进行归纳：人生三境界语出王国维《人间词话》。第一境界是"立志"、第二境界是"拼搏"、第三境界是"成功"。第一境界是基础，只有具备了这个条件才会有第二、第三境界。

第一境界，乃对前途和命运的迷茫，不知路在何方。在第一境界中，西风把树叶刮得满地都是，自己在孤独和彷徨之中，心情惆怅地爬上高楼，在高楼上远望，天海茫茫，看不到天涯尽头，看不到成功的路，但自己悄悄立下志向，一定要排除干扰，克服困难，不为暂时的困境所迷惑，所以迷惘和立志这第一境界的主要思想。

第二境界是在第一境界立志的基础上出现的，自己的目标确立后，为之开始奋斗，达到废寝忘食的程度，身体消瘦了，仍然继续拼搏，为实现自己的目标而努力奋斗，无怨无悔。第二境界概括了一种为实现自己确立的目标而克服任何困难的决心和奋发向上、努力拼搏的顽强态度。说明了任何人的成功都不是偶然的，都没有什么平坦大道可走，要敢于创新，要勇于奋斗，要善于等待，用自己的智慧和双手去创造灿烂的明天。

第三境界表明努力就会有收获，就会获得成功，在这一境界里，表明了奋斗的"因"一定会造成成功的"果"，这是自己成功的经验总结，也表明自己成功后的心境。第三境界是指在经过多次挫折和多次失败后，自己不断总结经验，再不断地奋然前行，经过多次的磨炼之后，功到自然成，这是用血汗浇灌出来的奋斗之花，也是用不断的努力生成的幸福之花。

第五节 完善优秀传统文化教育的评价机制

高校优秀传统文化教育的评价机制是否完善，是优秀传统文化教育效果能否得到保证的一个重要因素。高校优秀传统文化教育的评价内容包括对学校进行评价、对教师进行评价和对学生进行评价等，当前评价机制的体现方式还是以于硬性数据指标为主，而这些数据指标无法对教学质量问题做出合理的、有效的评估。

所以，在高校优秀传统文化教学改革过程中，我们需要构建多元化的评价机制。

一、高校优秀传统文化教育评价机制建立的原则

高校中华优秀传统文化教育评价机制应该遵循科学性、人文性、时代性、发展性和示范性等基本原则，围绕中华优秀传统文化融入高校本科教学评价的导向和调整、认定和诊断、激励和惩罚等功能，创新性地构建并完善中华优秀传统文化融入高校本科教学的评价机制。

评价是活动的保障，科学合理的评价能发现评价客体出现的问题，以便不断总结经验，克服缺点和不足。高校优秀传统文化教育要建立多元化的教育评价机制，首先要建立详细的评价指标体系，明确评价目的、评价范围、评价内容和评价标准；要坚持以人为本，考虑个体素质和全面发展；要坚持实事求是，客观和现实地评价高校优秀传统文化的教学现状；要将定量评价和定性评价相结合；要注重评价的反馈功能，及时调整和发现存在的问题，用评价来激发评价客体的主观能动性。

二、扩大责任主体和客体

在高校优秀传统文化教育评价中，评价者是主体，被评价者是客体，评价的客体包括传统文化的教育者、受教育者、教学环境、教育方针、教育内容、教育方式和教育效果等。

原有优秀高校传统文化教育工作责任主体比较单一，主要偏重思想政治教育的管理者和教师，所以高校优秀传统文化教育普及和推广的程度还不十分理想。教育部印发的《完善中华优秀传统文化

教育指导纲要》为加强中华优秀传统文化教育做出了全面部署和科学规划，该文件要求，各级党委、教育工作部门和教育行政部门要与宣传、文化、新闻出版广电等部门以及工会、共青团、妇联等群团组织密切配合，建立健全党委统一领导、党政齐抓共管、有关部门各负其责、全社会共同参与的工作机制，形成中华优秀传统文化教育合力。所以，高校优秀传统文化教育的主体不只是思想政治课教师，还包括各部门和全体高校教职工。

同时高校优秀传统文化教育的客体也发生变化，高校优秀传统文化教育的主体，也是优秀传统文化教育的客体，在优秀传统文化教育客体受教育和思想情操提高的同时，教育者也同时在受教育，教育者的思想道德素养也在不同程度地提高，主体与客体相互作用，相互促进，相互提高。

三、建立适合本校的优秀传统文化教育评价体系

高校优秀传统文化教育评价一定要制定科学合理的评价方案，形成适合本校的优秀传统文化教育的评价体系。要在原有评价指标的基础上，扩充与社会经济建设发展相适应的高效合理的评价指标体系，以评价目的、评价范围、评价标准、评价效果等为基础设立稳定的评价指标，要根据自己学校的具体情况和自身特点，制定重点突出、科学有效的评价方案。

优秀传统文化教育评价体系具体由如下几方面构成。

一是教育理念。学校对开展中华优秀传统文化教育活动是否有正确的认识，是否树立"立德树人"意识，是否通过各种渠道宣传中华传统文化理念。

二是教育管理。学校是否有传统文化教育活动管理机构，是否有专人分管传统文化教育活动的组织、落实、检查和督导；是否有教育活动的实施方案，是否有开展教育活动的阶段性检查和小结，资料是否齐备；是否有教育活动的评估体系，并纳入教育评估范围。

三是教师队伍。是否有组织开展传统文化教育师资培训，以保证教师数量和质量满足教育教学需要；是否有定期开展公开课、观摩、交流学习等活动。

四是课程建设。是否将中华优秀传统文化教育纳入教学课程，课程是否开足、开齐；每个班级是否有教育活动的计划、教案。

五是主题活动。是否有主题活动，主题活动是否内容丰富、形式多样，学生参与度如何；是否开设道德讲堂，定期开展多主题的道德讲堂活动；是否定期举办传统文化教育专题研讨会、成果展示以及经验推广等活动。

六是校园文化。是否在校园布置图文并茂的传统文化宣传内容；是否有班级文化体现传统文化宣传内容；是否通过校园广播、网页等多渠道宣传传统文化。

七是教育条件。传统文化教育经费是否列入学校经费预算，以保证传统文化教育的正常开展；学校有关设施设备是否满足课堂教学和教育活动的需要。

八是教育成效。师生的精神面貌、文化修养和道德情操是否有明显的提高；教育活动是否形成本校本地的特色和品牌，是否值得推广。

参考文献

[1] 陈卫平. "国学热"与当代学校传统文化教育的缺失［J］. 学术界, 2008（6）: 109.

[2] 赵元, 张莉. 大学生人文素质教育教程［M］. 北京: 中国时代经济出版社, 2014.

[3] 王文俊, 王晓波, 陈令霞. 大学生人文素质教育教程［M］. 北京: 中国人民大学出版社, 2010.

[4] 涂登宏. 大学生人文知识［M］. 北京: 清华大学出版社, 2010.

[5] 宋元林. 中国传统文化与思想政治教育研究［M］. 长沙: 湖南大学出版社, 2012.

[6] 崔金赋, 冯志宏. 中国传统文化核心思想与高职院校文化校园建设［M］. 北京: 中国铁道出版社, 2015.

[7] 李淑贞. 现代生活方式与传统文化教程［M］. 厦门: 厦门大学出版社, 2003.

[8] 祝西莹, 徐淑霞. 中西文化概论［M］. 北京: 中国轻工业出版社, 2005.

[9] 陶铁胜, 张桂宾. 中国传统文化与人力资源管理［M］. 上海: 上海三联书店, 2000.

[10] 赵洪恩. 中国传统文化通论（修订版）［M］. 北京: 人民出版社, 2016.

[11] 沈瑞云. 中国传统文化十讲［M］. 杭州: 浙江大学出版社, 2004.

[12] 张建. 中国传统文化（第二版）［M］. 北京: 高等教育出版社, 2014.

[13] 张景华. 中国文化概要［M］. 北京: 北京师范大学出版社, 2009.

［14］王丹，孙淑萍. 中国传统文化概要［M］. 苏州：苏州大学出版社，2010.

［15］朱恩义，秦其良. 中国传统文化（第二版）［M］. 大连：大连理工大学出版社，2017.

［16］安凤琴，李国新. 中国传统与地域文化［M］. 青岛：中国海洋大学出版社，2011.

［17］曲士英，王国雨. 中国优秀传统文化［M］. 杭州：浙江科学技术出版社，2012.

［18］陆蕾. 中国传统文化在高职艺术设计专业中传承与发展研究［M］. 徐州：中国矿业大学出版社，2013.

［19］潘莉莉. 中国传统文化［M］. 北京：中国人民大学出版社，2017.

［20］王霁. 中国传统文化［M］. 北京：清华大学出版社，2014.

［21］张芹玲. 新编中国传统文化［M］. 北京：高等教育出版社，2015.

［22］黎光，赵冬菊. 中国传统文化概论［M］. 成都：西南交通大学出版社，2015.

［23］赵一兵，王晓惠，殷向飞. 中国传统文化十五讲［M］. 北京：北京交通大学出版社，2016.

［24］刘向红，英潇. 中国优秀传统文化大学生读本［M］. 北京：中央广播电视大学出版社，2016.

［25］王茜. 高职院校《中国传统文化》课程构建问题研究［J］. 济南职业学院学报，2014（1）：30－32.

［26］孟福来. 借鉴传统文化加强高校思想政治教育环境建设之我见［J］. 理论导刊，2010（4）：67－68.

［27］孙书文. 中华传统文化中的"仁爱"观念［EB/OL］. http：//www.china-kongzi.org/rw/xszj/ssw/201808/t20180815_181146.htm. 2018－08－15.

［28］赵瑜，戴和圣. 传统文化视野下的大学生感恩意识培育［J］. 合肥师范学院学报，2017（6）：120－122＋127.

［29］王增福. 中华优秀传统文化的历史作用与时代价值［EB/OL］. http：//

theory. people. com. cn/GB/n1/2017/0724/c40531-29423463. html. 2017-07-20.

[30] 徐新强. 谈中国传统文化人文精神的价值 [J]. 中国校外教育. 2016 (27): 12-13.

[31] 蒋彤彤, 陶丽. 传统文化与现代教育融合发展研究 [J]. 沈阳建筑大学学报 (社会科学版), 2018 (4): 83-87.

[32] 隋滨竹. 谈传统文化中的教育理念 [N]. 吉林日报, 2017-10-7 (04).

[33] 钱逊. 推动马克思主义与中华优秀传统文化相结合 [EB/OL]. http://theory. people. com. cn/n1/2018/0124/c40531-29783598. html. 2018-01-24.

[34] 黄昕, 姚婕. 文化多元背景下构建大学生中华优秀传统文化教学体系的思考 [J]. 湖南科技学院学报, 2010 (8): 137-139.

[35] 江景涛. 我国高校传统文化课程建设的现状、问题与对策研究 [J]. 高教学刊, 2018 (21): 63-64+67.

[36] 明成满, 陈健. 优秀传统文化教育与高校思想政治理论课社会实践的融合研究——以大学生参与传统节日活动为例 [J]. 安徽工业大学学报 (社会科学版), 2017.

[37] 孙正林. 完善中华优秀传统文化教育的几个关键环节 [N]. 中国教育报, 2014-06-30 (04).

[38] 姚萍, 张晓林, 杨凌. 红色文化融入高校思想政治教育关键环节探赜 [J]. 职业技术学院学报, 2017 (16): 69.

[39] 周孝元. 中华优秀传统文化融入独立学院校园文化建设的有效途径 [J]. 教育教学论坛, 2018 (43): 13-14.

[40] 马飞. 论高校中华传统文化教育的形式与内容 [J]. 西部素质教育. 2018 (18): 58+63.

[41] 中共中央国务院发出《关于进一步加强和改进大学生思想政治教育的意见》[N]. 人民日报, 2004-10-15 (02).

[42] 习近平: 青年要自觉践行社会主义核心价值观 [N]. 人民日报, 2014-05-05 (02).

[43] 习近平: 在纪念孔子诞辰 2565 周年国际学术研讨会上的讲话 [N]. 人民日报, 2014 - 09 - 25 (02).

[44] 关于进一步加强和改进新形势下高校宣传思想工作的意见 [N]. 中国教育报, 2015 - 01 - 20 (01).

[45] 关于实施中华优秀传统文化传承发展工程的意见 [N]. 人民日报, 2017 - 01 - 26 (06).

[46] 把糟粕标榜为"文化", 其实是真正的"反文化" [N]. 人民日报, 2017 - 12 - 05 (03).

[47] 别让传统文化替"女德班"背黑锅 [N]. 新京报, 2017 - 12 - 06 (03).

[48] 季羡林. 谈人生 [M]. 北京: 华艺出版社, 2008.

[49] 许辉. 大学生社会责任感的缺失及其培养 [J]. 长春理工大学学报, 2007 (01): 182 - 184.

[50] 李春华. 论构建现代思想政治教育评价体系的基本原则 [J]. 学校党建与思想教育, 2011 (32): 15 - 17.

[51] 梁娟红. 完善中国传统文化教育与创新高校思想政治教育评价机制契机 [J]. 亚太教育, 2015 (9): 119 - 120.

[52] 顾友仁. 中国传统文化与思想政治教育的创新 [M]. 安徽: 安徽大学出版社, 2011.

[53] 袁行霈等. 中华文明史 [M]. 北京: 北京大学出版社, 2006.

[54] [英] 爱德华·泰勒著, 连树生译. 原始文化 [M]. 桂林: 广西师范大学出版社, 2005.

[55] 张勇. 中国思想史参考资料集: 晚清至民国卷 [M]. 北京: 清华大学出版社, 2005.

[56] 周永亮. 华夏文明延伸之谜 [M]. 北京: 解放军文艺出版社, 1995.

[57] 邓球柏. 中国传统文化与思想政治教育 [M]. 北京: 首都师范大学出版社, 1999.

[58] 孙兰英. 文化共存论 [M]. 长春: 吉林人民出版社, 2003.

[59] 季羡林. 为什么要弘扬中国传统文化？[C]//平凡的真理 非凡的求索——纪念冯定百年诞辰研究文集，2002.

[60] 张岱年. 分析中国传统文化的优缺[C]//平凡的真理 非凡的求索——纪念冯定百年诞辰研究文集，2002.

[61] 雷儒金. 高校思想政治理论课教学方法改革研究[D]. 武汉：武汉大学，2012.

[62] 李淳. 中华优秀传统文化教育的系统性与整体性研究[D]. 荆州：长江大学，2016.

[63] 王双群. 社会主义核心价值体系融入思想政治理论课教育教学研究[D]. 武汉：武汉大学，2014.

[64] 崔丽娜. 基于高校思想政治理论课平台的中国传统思想文化传承探究[D]. 天津：天津大学，2013.

[65] 郭泉. 中国传统文化在高职院校思想政治教育中的应用研究[D]. 赣州：江西理工大学，2012.

[66] 张伟. 论中国传统文化在当代大学生思想政治教育中的价值[D]. 济南：山东大学，2015.

[67] 伦俊朝. 中华优秀传统文化融入大学生思想政治教育研究[D]. 锦州：渤海大学，2018.

[68] 孙俊. 中华优秀传统文化融入高校思想政治教育研究[D]. 扬州：扬州大学，2018.

[69] 汪琴. 中国优秀传统文化与高校思想政治教育[D]. 南昌：南昌大学，2012.

[70] 周隆. 儒家优秀文化在高校大学生思想政治教育中的价值研究[D]. 西安：西安科技大学，2013.

[71] 钟景璐. 中国传统道德教育内容与方法对当代大学生道德教育的启示[D]. 长沙：湖南师范大学，2012.

[72] 李德万. 优秀传统文化在大学生思想政治教育中的价值及实现途径研究

[D]. 大连：辽宁师范大学，2013.

[73] 潘昊辉. 论中国优秀传统文化在大学生思想政治教育中的意义和应用[D]. 郑州：河南大学，2014.

[74] 孙明辉. 大学生优秀传统文化教育的现状及对策研究[D]. 沈阳：东北大学，2011.

[75] 黄红立. 中华优秀传统文化融入大学德育工作研究[D]. 长沙：湖南大学，2013.

[76] 林毅, 王哲, 陈晓曼. "90后"大学生对中国传统文化的认知研究[J]. 高教学刊，2018（17）：63－66.

[77] 余双好. 关于高校思想政治理论课程定位的探讨[J]. 思想理论教育，2007（11）：33－38.

[78] 曾瑞明. 再论高校思想政治理论教育的功能定位[J]. 学校党建与思想教育，2011（1）：18－23.

[79] 曹宇嫦. 论传统文化与高校思想政治理论课的契合[J]. 长春师范大学学报（人文社会科学版），2014（3）：148－151.

[80] 刘万军. 思想政治理论课教师与中国传统文化教育[J]. 安阳工学院学报，2013（05）：19－21.

[81] 袁晓文. 中国传统文化与高校思想政治理论课融合的思考[J]. 云南社会主义学院学报，2014（4）：258－259.

[82] 李国娟. 中华优秀传统文化融入高校思想政治理论课教学研究[J]. 思想理论教育，2014（7）：65－69.

[83] 张蔚玲. 中国优秀传统文化融入高校思政课教学的机制探索[J]. 教育教学论坛，2015（22）：121－122.

[84] 李佑球. 中华优秀传统文化教育管窥[J]. 湖南社会主义学院学报，2009（2）：82－84.

[85] 韩月波, 韩冰. 浅论中国传统文化的基本精神与当代思想政治教育[J]. 教育教学论坛，2010（17）：56－58.

[86] 欧阳康. 全球化时代的文化悖论与文化状态——21世纪中华文化的战略选择 [J]. 学术月刊, 2009 (9): 7-13.

[87] 杨春贵, 宋立军, 梁莉芃等. 直面思想政治教育问题加强对中国特色社会主义文化的学习 [J]. 吉林省教育学院学报, 2009 (2): 142-146.

[88] 张祥浩, 石开斌. 中国传统文化与思想政治教育的创新 [J]. 东南大学学报（哲学社会科学版）, 2008 (5): 58-61.

[89] 闫成俭, 胡鹤玖. 关于加强新时期高校思想政治理论课师资队伍建设的思考 [J]. 思想理论教育导刊, 2011 (7): 65-67.

[90] 梁景和, 王秀田. 中国传统思想文化的近代转换——论近现代中国思想文化变革的基本途径 [J]. 首都师范大学学报（社会科学版）, 2009 (2): 20-25.

[91] 刘伟. 全球化背景下当代中国文化的认同与发展 [J]. 山西社会主义学院学报, 2012 (4): 47-51.

[92] 陈晓芬. 论语 [M]. 北京. 中华书局, 2016.

[93] 万丽华, 蓝旭. 孟子 [M] 北京. 中华书局, 2016.

[94] 胡平生, 陈美兰. 礼记·孝经 [M]. 北京. 中华书局, 2016.

[95] 教育部思想政治工作司. 大学生思想政治教育理论与实践 [M]. 北京：高等教育出版社, 2009.

[96] 张岱年、方克立. 中国文化概论 [M]. 北京：北京师范大学出版社, 2004.

[97] 陈万柏, 张耀灿. 思想政治教育学原理（第二版）[M]. 北京：高等教育出版社, 2007.

[98] 沈壮海. 思想政治教育的文化视野 [M]. 北京：人民出版社, 2005.

[99] 徐永春. 中国传统文化与思想政治教育 [M]. 北京：光明日报出版社, 2016.

[100] 司马云杰. 文化社会学 [M]. 北京：中国社会科学出版社, 2007.

[101] 张国选. 传统文化融入高校思想政治教育路径研究 [D]. 郑州：河南工

业大学, 2016.

[102] 乔颖. 中国传统孝文化与当代高校德育 [D]. 长春: 东北师范大学, 2013.

[103] 曾媛. 优秀传统文化与思想政治教育融合中的价值实现 [D]. 沈阳: 沈阳师范大学, 2013.

[104] 方克立. 关于马克思主义与儒学关系的三点看法 [J]. 高校理论战线, 2008 (11): 27-29.

[105] 曲洪志. 中国传统文化与新时期思想政治教育 [J]. 马克思主义与现实, 2004 (6): 112-114.

[106] 易永姣. 用中国传统文化提升高校德育的实践性 [J]. 湖南城市学院学报, 2013 (1): 94-96.

[107] 查文静. 中国传统文化在大学德育中的理论与应用研究综述 [J]. 亚太教育, 2016 (21): 188-189.

[108] 温美琳. 中国传统文化对大学生思想政治教育的重要意义 [J]. 法制与社会, 2010 (34): 239.

[109] 李菁. 以中国传统文化精粹建构大学生思想政治教育 [J]. 中国科教创新导刊, 2008 (16): 37-38.

[110] 李月玲, 王秀阁. 思想政治教育本质述评 [J]. 学校党建与思想教育, 2011 (11): 15-17.

[111] 雷雳, 马晓辉. 青少年网络道德实证研究 [J]. 中国德育, 2010 (5): 7-10+18.

[112] 滕飞. "90后"大学生的特征分析和高校教育人工作的对策建议 [J]. 北京教育 (德育版), 2010 (1): 60-62.

[113] 季昌伟. 高校隐性思想政治教育的内涵界定与实践路径创新 [J]. 探索, 2009 (6): 120-124+174.

[114] 黄东桂, 郭世平. 大学生思想政治教育价值观现状分析 [J]. 学校党建与思想教育, 2013 (8): 18-19+33.

[115] 杨晓慧. 创新大学生思想政治教育工作的思考［J］. 中国高校教育科学, 2006（12）: 32-35.

[116] 马奇柯. 思想政治教育机制研究述评［J］. 求实, 2006（5）: 85-88.

[117] 许辉. 大学生社会责任感的缺失及其培养［J］. 长春理工大学学报, 2007（1）: 182-184.

[118] ［宋］朱景. 四书章句集注［M］. 北京: 中华书局, 2012.

[119] 石玉秋. 高职院校中国传统文化课程教学方法创新探索［J］. 高教论坛, 2012（10）: 115-118.

[120] 张茜茜. 当前高校传统文化教育的现状及对策［J］. 高校后勤研究, 2016（02）: 89-91.

[121] 曲冬梅. 传统文化教育不应形式化［J］. 辽宁教育, 2015（12）: 23.

[122] 莫山洪. 当前高校传统文化教育教学中存在的问题及对策［J］. 柳州师专学报, 2009（5）: 75-77.

[123] 王珺. 新媒体环境下高校传统文化教育面临的问题与措施［J］. 教育现代化, 2018（42）: 154-155.

[124] 戴淑贞. 中华优秀传统文化对大学生交往与合作能力的影响研究［N］. 潍坊学院报, 2018（4）: 84-86.